세기적인 기적을 만든 오바마 화술

NARRATIVE SKILL OF BARAK OBAMA

세기의 기적을 만든
오바마 화술

백만문화사

세기적인 기적을 만든 오바마 화술

1판 1쇄 발행 2009년 4월 10일
1판 7쇄 발행 2018년 6월 1일

지은이 | 김용환
펴낸이 | 이현순
디자인 | 정원미
펴낸곳 | 백만문화사

주소 | 서울시 마포구 독막로 28길 34 (신수동)
Tel | 02)-325-5176 **Fax** | 02)-323-7633
신고번호 | 제 2013-000126호

이메일 | bmbooks@naver.com
홈페이지 | http://bm-books.com

Translation Copyright© 2018 by BAEKMAN Publishing Co.
Printed & Manufactured in Seoul, Korea

ISBN 978-89-85382-89-2
값 12,000원

"세기적인 기적을 만든 오바마의 화술"

흑인이라는 생태적인 핸디캡을 가진 일리노이 주 2년차 상원의원이었던 버락 오바마는 단지 몇 달 동안에 세계를 깜짝 놀라게 한 기적의 역사를 만들었다.

흑인 혼혈아 출신으로 미국의 소수인종을 대표하는 그가 일약 대통령에 당선되어 백악관에 입성하게 된 데는 여러 가지 원인이 있겠으나 강한 흡인력과 설득력을 가진 그의 독특한 화법을 무시할 수 없다. 누구나 이해할 수 있는, 간결한 문장을 반복하여 사람들의 뇌리에 박히게 하는 화술, 일상적인 삶의 애환이 그대로 배어 있는 진심어린 말의 힘은 그의 기적을 이룬 원인 중의 하나라고 할 수 있다.

오바마의 화법의 특색을 몇 가지로 요약한다면 다음과 같다.

첫째, 오바마는 미국 국민이라면 누구나 이해할 수 있는 쉽고도 간결한 말을 리듬 있게 여러 번 반복한다.

둘째, 거짓이 없이 솔직하고 진솔하게 자신의 이야기를 하고 진심을 보인다.

마지막으로 누구나 공감할 수 있는 소재와 이야기를 한다는 점이다.

본서는 오바마의 화술 중에서 강적 힐러리와의 피나는 예비선거에서 승리하기까지의 과정과 당시 오바마가 주로 구사했던 화술, 그리고 CEO나 세일즈맨들이 활용할 수 있는 화법을 중심으로 썼다.

본서가 직장에서, 사회에서 성공을 꿈꾸는 직장인이나 내일의 이 나라 지도자가 되기를 희망하는 모든 젊은이들에게 화술의 좋은 길잡이가 되기를 바라는 마음 간절하다.

차 례

차   례

차   례

차   례

part 01

오바마 설득의
기본원칙
7가지

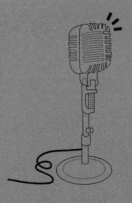

THE GREATEST NARRATIVE SKILL OF
BARAK OBAMA WHICH MAKES A MIRACLE

듣는 것에서부터 시작한다

뉴욕타임즈에 의하면 오바마는 참모회의를 할 때 먼저 참모들이 이야기 하도록 권장한다고 한다. 참모들이 모두 돌아가면서 제기된 문제에 대해서 의견을 제시하면 듣고 있다가 참모들이 모두 이야기를 마쳤을 때 자신의 의견을 말한 다음 자신의 의견을 설득한다고 한다.

그뿐만 아니라 오바마가 처음으로 정치활동을 시작한 시카고의 커뮤니티 워크나이자 활동을 할 때에도 우선 마을 사람들의 말을 듣는 것부터 시작했다. 그리고 나서 자신이 하고 있는 일에 동참해줄 것을 설득하였다.

커뮤니티 워크나이자는 24세부터 27세까지의 흑인 젊은이들의 생활을 개선하고자 하는 하나의 조직단체이다.

오바마는 그 지역의 흑인들의 생활을 개선하려고 단체를 만들 때에도 제일 먼저 주민들의 귀를 기울이고 그들의 소리를 듣는 것부터 시작했던 것이다.

사실 남의 말을 듣는 것이 무엇이 어려우냐고 하겠지만 인간은 누구나 듣기보다 말하기를 좋아한다.

인간에게는 말하고 싶은 욕망이 있으며, 말을 함으로써 그 욕망을 충족시켜주기 때문이다.

말한다는 것은 일종의 배설 작용이다. 남에게 이야기를 함으로써 가슴에 맺힌 감정이 누그러지는 경험은 누구나 있을 것이다.

인간은 누구나 자기를 주장하고 싶어 한다. 자기를 표현하고 싶은 강한 욕구를 가지고 있다. 이 욕구를 충족시켜주는 상대는 고마운 존재이다.

그러나 남의 이야기를 듣는 것은 쉬운 일이 아니다. 그래서 자기의 주장이나 의견을 들어버리고 만다.

오바마는 어떤 문제에 대해서 집요하리만큼 철저하게 파고들어서 그 문제를 꿰뚫어 파악한 다음 참모회의나 보좌관 회의를 주재한다고 한다. 그러면서도 먼저 참모들이나 보좌관의 의견을 경청한 다음 자신의 생각이나 의견을 개진한다고 한다.

듣는다는 것은 마음을 열어주는 것이다. 남의 이야기를 들어주는 것은 마음이 넓거나 여유가 있다고 말할 수 있다. 상대를 받아들이는 아양이나 배려가 없으면 참으로 훌륭한 경청자가 될 수 없다.

오바마가 남의 말을 잘 듣는다는 것은 그만큼 아량이 있다는 뜻이다.

그러면 어떻게 해야 오바마처럼 상대의 말을 잘 들을 수 있을까?

첫째, 열심히 듣는다.

둘째, 물으면서 듣는다.

셋째, 분명치 못한 것은 확인하면서 듣는다.

마지막으로 상대가 무엇을 기대하고 있는가를 생각하며 듣는다.

오바마는 먼저 상대의 의중을 잘 들은 다음 자신의 의견을 설득하도록

하였다.

긍정적이고 희망적인 말을 한다

오바마는 힐러리의 네거티브 전략에 대해서 동일한 방법으로 맞대응할 것인가에 대해서 참모들과 대화를 할 때 참모들은 맞대응해서 네거티브 전략을 구사할 것을 권했다. 그러나 오바마는 '노' 했다.

오바마는 부정적인 말은 전혀 사용하지 않고 긍정적인 말만 사용했다는 점이 오바마 대화의 특징이다.

"우리는 반드시 할 수 있다."

이 말보다 더 긍정적이고 희망적인 메시지가 어디 있겠는가?

오바마는 경제난으로, 계층간의 갈등으로 어려움을 겪고 있는 미국국민에게 "우리는 반드시 할 수 있다."는 적극적이고 긍정적인 메시지를 전한 것이다.

말은 굉장한 힘을 가지고 있다. 그래서 우리 속담에 말 한 마디로 천 냥

빚을 갚는다고 한다.

말에 따라서 여러 가지 감정이 생긴다. 이야기에 따라서 웃고, 울며, 말로 사랑도 하고 죽음을 당하기도 한다.

이와 같이 말에는 커다란 힘이 있다. 따라서 오바마는 이렇게 우리 생활에 커다란 영향을 미치는 말을 사용할 때 긍정적이고, 희망이 넘치는 말을 사용하였다.

따라서 우리도 이야기할 때에는 어떤 말을, 어떻게 사용해야 할 것인가를 충분히 생각해야 한다. 생각 없이 함부로 내뱉는 말은 자신의 인격을 깎고 인생을 망치게도 한다.

특히 직장에서 무슨 말을 피해야 할지 직장인들은 스스로 잘 알고 있을 것이다. 부정, 거절, 비꼬는 말 즉 상대와의 단절을 의미하는 말은 가급적 사용하지 않는 것이 좋다.

가능한 직장에서 사용해서는 안 되는 말을 몇 가지 예를 들면 다음과 같은 말이다.

가망 없다, 고집, 낙오자, 못해먹겠다, 배신, 부당하다, 실패, 위기, 집어치우고 싶다, 피곤하다, 할 수 없다.

인생을 사는 데는 부정적인 태도보다는 긍정적인 태도가 훨씬 낫다. 말하는 데에도 마찬가지다.

긍정적으로 말하는 사람에게는 늘 긍정적인 에너지가 넘쳐흐른다. "반드시 우리는 할 수 있다."고 외치는 오바마에게는 긍정적인 에너지가 넘쳐났던 것이다. 미국 국민들은 그것을 보았던 것이다. 긍정적인 에너지는 사람을 끌어당기는 힘이 있다. 그래서 오바마는 많은 사람들을 설득시켜 마침내 강적을 물리칠 수 있었다.

세기적인 기적을 만든 오바마 화술

누구나 이해하기 쉬운 말을 사용했다

오바마는 누구나 이해할 수 있는 쉬운 말을 사용하였다. 그것이 바로 국민들의 마음을 사로잡은 비결이었다.

말이란 것은 상대가 알아듣기 쉽고 받아들이기 편해야 한다. 그렇지 않으면 상대는 이해할 수 없기 때문에 설득할 수가 없다. 그러기 위해서는 상대가 듣고 이해할 수 있는 말이나 문구를 사용해야 한다.

교양 있고, 능력 있는 직장인은 어떠한 어려운 이야기라도 누구든지 이해할 수 있는 말을 하고, 그 내용도 조리 있게 전달한다.

오바마는 '과거와 미래'라는 두 가지 대립을 밀고 나갔다. 그러면서 그는 '반드시 우리는 할 수 있다.'는 누구나 이해할 수 있는 쉬운 내용을, 누구나 들을 수 있도록 똑똑한 발음으로 정확하게 말하였다.

"반드시 우리들은 할 수 있다. 미국을, 기필코 우리들은 미래를 움켜쥘 수 있다."

이 말은 초등학교만 졸업했을지라도 미국 국민들은 누구나 이해할 수 있는 말이었다.

'우리는 할 수 있다' 는 말에 미국 국민들이 얼마나 공감했는지를 짐작케 한다.

그리하여 오바마의 '반드시 우리는 할 수 있다.' 는 말은 인종과 노소 구별 없이 모든 사람들에게 자신감을 부여하여 냉소로 가득했던 수많은 유권자들의 가슴에 열정의 불을 질렀다.

'반드시 우리는 할 수 있다.' 는 쉽고도 뜻이 정확한 이 말은 유권자들의 의식 속에 깊숙이 자리잡게 되었다.

대화를 나눌 때나 연설을 할 때는 내용과 형식도 중요하지만, 가장 중요한 것은 누구나 이해할 수 있는 쉬운 말로 정확하게 말하는 것이다. 아무리 좋은 생각이나 의견이라도 상대방에게 정확히 전달되지 않으면 소용이 없는 것이다.

오바마는 미국 국민이라면 누구나 이해할 수 있는 말로 정확하게 전달하고 설득한 것이다. 그리하여 점차 이로 인해서 그의 비호감이 호감으로 더 빨리, 더 많이 바뀌기 시작한 것이다.

믿음을 강조했다

미국 대통령 선거 당시 미국 국민들은 인종간의 갈등은 물론, 가진 자와 못 가진 자, 지역간 계층간의 갈등으로, 분열되어 있었으며, 입씨름만 하고 있는 정치인들로 인해서 정치에 대한 냉소주의가 흐르고 있었다. 오바마는 이런 냉소주의를 불식시키는 일이 무엇보다 중요하다는 것을 간파하고. 이런 냉소주의부터 불식시키는 일을 목표로 정했다.

오바마는 이것이 또한 클린턴 전 대통령의 힘으로 절대적인 자신을 얻은 힐러리와의 경쟁에서 이기는 길이라고 생각하고 아이오아 주에서 최초로 열리는 민주당 당원 집회에서부터 그 당시 만연되어 있는 정치에 대한 불신부터 불식시키기로 결심했다.

정치 불신을 불식시키고 유권자들의 의심을 날려 보내기 위해서 오바마가 사용한 말은 오히려 '믿음' 이었다. 정치를 믿지 않는 국민들에게 새로운 정치를 내걸고 '믿음'을 역설한 것이다. 단순하지만 가장 유효한 방법인 믿음을 되돌려 놓는 것이었다. 그러면서 자신이 평범한 사람이라고 비호감을 갖고 있는 사람에게 이렇게 말했다.

"평범한 사람이야말로 비범한 것을 완수할 수 있습니다."

그러면서 그는 통합을 부르짖었다.

"우리들은 민주당을 지지하는 주와 공화당을 지지하는 주의 기세를 모으는 것이 문제가 아닙니다. 왜냐하면 우리들은 미합중국이기 때문입니다. 그러므로 정말로 우리들은 국민들에게 믿음을 줄 수 있을까 하는 의문에 대해서 이 선거를 통해서 대답을 해 주어야 합니다."

오바마는 국민들에게 확고한 믿음을 제시했다. 이 믿음에 대한 호소가 국민들에게 신뢰를 주었고, 감동을 선사하여 마침내 아이오와 주 경선에서 힐러리에게 승리하였다.

나와 너의 장벽을 넘어 '우리'라는 말을 사용하여 일체감을 주었다

힐러리와 오바마의 화법은 그 차이를 선명하게 보여준다. 힐러리가 '나'를 내세우는 데 비해 오바마는 '우리'라는 말을 자주 쓴다.

오바마는 연설할 때마다 '내'가 아니라 '우리'를 강조한다.

'우리'라는 말은 상대와 '내'가 일치된 느낌을 갖게 한다.

"긍정과 평등을 반드시 우리는 할 수 있다, 기회와 번영을 반드시 우리는 할 수 있다, 미국을 고치는 일을 우리는 반드시 할 수 있다."

오바마의 화술의 특징은 모든 일에서 '우리'를 강조함으로써 일체감을 불어넣은 것이다.

"우리들은 하나의 국민, 우리들은 하나의 국가, 그래서 함께 하여 미국 역사의 다음 장을 열지 않으시겠습니까? 해안에서 섬으로, 바다에서 대륙으로, 다시 대륙에서 빛나는 나라로 놀라움을 건너 우리 모두 함께 반드시 할 수 있습니다.”

'우리' 라는 말은 상대에게 일체감을 불어넣어주는 가장 탁월한 언어 중의 하나이다.

대화란 본질적으로 대화하는 '상대' 와 '나' 와의 의사교환이다. 즉 '나' 와 '너' 사이의 갈라놓은 간격을 메우기 위해서 하는 행위이다. 그러므로 효과적인 대화를 하기 위한 가장 기본적인 단계는 '너' 와 '나' 를 '우리' 로 바꾸는 것이다. 대화하는 '상대' 와 '나' 가 '우리' 가 될 때 대화는 그 어느 때보다도 원만하게 이루어진다.

오바마의 메시지는 변화였으나 하지만 승리의 비결은 '우리' 였다. 오바마의 선거구호는 '우리' 가 믿을 수 있는 변화 – Change, We can believe in. 이었다. '우리' 라는 말의 힘은 대단한 위력을 발휘했다. 그리하여 그는 그에게 호의적인 눈으로 보고 있는 많은 미국 국민들을 설득시키는 데에 성공했다.

이성적이기보다는
감성적이다

오바마는 이성에 호소하지 않고, 감성에 호소하는 화법을 택했다. 왜냐하면 상대를 설득하는 데에 이성적인 것보다는 감성적인 방법이 더 효과적이기 때문이다.

이성은 머리가 냉철하지만, 감성은 가슴이 따뜻하다. 이성은 복잡하게 계산하고 따져서 질서를 잡지만, 감성은 물 흐르듯 부드럽게 모든 것을 감싼다.

힐러리가 이성적이라면, 오바마는 감성적이다.

2004년 민주당 전당 대회에서의 오바마 연설은 감성에 호소하는 사자후의 전형적인 모습이다. 그 날 오바마 다음에 힐러리도 연설했지만 그의 이성적 연설은 사람들의 가슴을 울리지 못했다.

힐러리의 연설은 자세하고 논리적이지만 재미가 없고 지루하다. 반면에 오바마의 연설은 두리뭉실하여 전체는 파악되지만 세부적으로는 뭘 하겠다는 건지 파악하기 힘들다. 하지만 흥이 나고 재미있다.

사람의 마음을 움직이는 데는 이성보다는 감성이 유리하다. 따지고 분석하고 계산하는 일을 잘 해야 성공에 유리하다고 사람들은 생각한다. 그러나 그것은 반드시 갖춰야 할 필요조건이다.

그러나 설득하는 방법으로 더 큰 힘을 발휘하는 것은 상대방을 배려하고, 동정심을 느끼고 감싸주는 감성이다. 감성은 옳고 그름을 따지는 가치가 아니다.

상대방을 잘 이해하기 위해서는 대화 도중 감정 이입이 중요하다. 감정이입을 충분하게 잘 하면 상대에게 감동을 준다. 감정이입은 경청과 비슷한 것으로 내 입장에서 이해하는 것이 아니라, 상대의 감정 및 상태에 들어가는 것, 즉 입장을 바꿔놓고 생각하는 것이다. 버락 오마바는 이런 감정이입을 잘 하여 비호감을 호감으로 바꿔 놓았다.

파워 있게 말한다

버락 오바마는 흑인이며, 하잘 것 없는 집안 출신이므로 자신이 약자라는 무의식 때문에 말의 파워를 잃기 쉽다. 그러나 그는 조금도 그런 나약한 모습은 보이지 않고 파워 있게, 힘차게 "반드시 우리는 할 수 있다."고 자신 있게 외쳤다.

사람은 자신보다 강한 사람을 만나면 상대보다 자신이 약자라는 생각에 나약해지게 된다. 그러나 나약하게 보이면 설득하여 자신이 원하는 것을 얻을 수 없게 된다. 따라서 파워 있게 말하는 법을 배워야 한다.

파워 있게 말하려면 사과를 할 때에도 지나치게 많은 변명을 해서는 안된다.

오바마는 자신이 다니던 교회의 목사가 오바마에게 매우 불리한 인종문제를 말하여 자신의 인기가 곤두박질치는 위험한 처지에 놓인 일이 있었다. 그러나 그는 절대 절명의 위기 앞에서도 여러 번 사과하지 않았으며, 단 한 번의 사과로 끝을 맺었다.

인간은 누구나 실수를 할 때가 있다. 그러나 사과를 할 때에도 지나치게 변명을 해서는 안 된다. 잘못했으면 간단하게 "죄송합니다. 앞으로 주의하겠습니다."하고 말하면 된다.

지나치게 사과하면 나약하고 책임감이 없는 사람으로 본다.

오바마는 민주당 예비선거에 출마를 결정하면서 자신이 예비선거에 도전하게 된 설명, 이해해달라는 부탁으로 시작하지 않았다. 그는 "우리는 하나다."라는 말로 통합을 역설했을 뿐이다. 시작부터 설명이나 이해를 부탁하는 말을 하면 말의 영향력이 떨어지기 때문이다.

인간은 누구나 실수를 하거나 잘못을 저질렀을 때 특히 누구에게 부탁할 때 역시 사정조로 이야기하거나 변명이나 이해해 달라는 식으로 말하면 그 다음에 말할 내용의 영향력이 떨어지게 되어 고객의 관심을 끌지 못한다.

오바마는 연설을 할 때, 상대를 설득할 때 목소리에 힘이 있었다. 목소리에 힘이 없거나 너무 부드러워도 말의 파워가 적어지기 때문이다. 속삭이거나 응얼거리는 목소리로는 아무리 좋은 내용도 제대로 전달되지 않는다. 따라서 세일즈맨들은 낮으면서도 또렷하게 말하는 연습을 해야 한다.

part 02

오바마의
효과적인 설득 방법

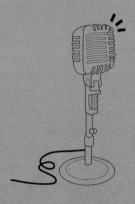

THE GREATEST NARRATIVE SKILL OF
BARAK OBAMA WHICH MAKES A MIRACLE

가능한 약속을 제시했다

"약속을 지키는 최고의 방법은 약속을 하지 않는 것이다."

나폴레옹 1세의 말이다. 이 말은 약속이란 그만큼 지키기가 어려우므로 쉽게 약속을 하지 말며, 또 약속이라는 굴레에 얽매이지 말라는 뜻으로 한 말이다.

오바마는 자신이 당선되면 무엇 무엇을 해주겠다는 약속은 결코 하지 않았다. 단지 그는 "우리는 변화할 수 있다."는 말만 강조한 것이다.

약속은 사람의 마음을 사로잡는 가장 효과적인 수단이다. 이스라엘 민족을 이집트의 노예로부터 해방시킨 모세는 이집트를 탈출하여 사막에서 방황하고 있는 이스라엘 백성들에게 '약속의 땅'을 부르짖었다. 먹을 것이 없어 고통받는 백성들에게 젖과 꿀이 흐르는 '약속의 땅'을 설파함으로써 백성들에게 희망을 주고 백성들을 사로잡았던 것이다.

이렇듯 약속은 무서운 힘을 가지고 있다. 인간은 내일 어떤 일이 닥칠지 몰라 불안을 느끼면서 살아가고 있다. 이런 상황에 놓인 인간에게 약속은 굉장한 힘을 발휘한다.

그런데 약속 중에 어떤 약속이 가장 위력이 있을까?

"인간을 움직이는 지레는 공포와 이익이다."

부하들에게 전 유럽을 석권했던 나폴레옹이 한 말이다.

이익 보장의 약속이 사람의 마음을 사로잡는 첩경임을 강조한 말이다.

인간의 이익추구는 본능적 욕망으로 활동하고자 하는 의욕에 비례한다. 인간의 모든 활동은 이익에 지배받고, 조정되고, 좌우되는 것이다.

따라서 이렇게 인간의 모든 활동뿐만 아니라 사람의 전부와 직결되는 이익의 보장에 대해서 CEO나 기업가가 약속할 때 직원들은 열성적으로 협력하고 , 사장이 하는 모든 일에 동의를 하게 되는 것이다.

신념을 되찾아주라

오바마는 이번 선거에서 무엇보다도 국민에게 "우리는 변화할 수 있다."는 신념을 불어넣어 준 것이 가장 큰 무기였다.

신념은 '나도 할 수 있다.' 는 자신감을 갖게 하고 희망을 갖게 만든다. 신념은 무서운 힘을 갖는다.

오늘날 미국 국민들 대부분이 세계적인 경제의 어려움으로 어려운 난관에 봉착해 있다. 이렇게 어려움에 처해 있는 국민들에게 오바마는 '우리는 할 수 있다.' 는 신념을 찾아준 것이다.

미국 국민들만이 아니라 어려운 난관에 봉착하여 불만을 느끼고 있는 사람 어느 누구에게도 마찬가지다. 난관에 봉착하게 되면 의욕이 감퇴되고 쓸데없이 불평이 늘며 사람 자체를 싫어하게 된다. 이런 사람에게 도움을 주면 그는 확실히 새롭게 되려는 노력을 보일 것이다.

대기업에 부품을 납품하는 조그마한 기업으로 시작해서 지금은 천 명 이상을 거느리는 중견기업의 사장이 있다. 그의 성공비결은 거창한 데 있는 것이 아니고 납품하러 온 기업체 직원들이나 사장이 그에게 품질에 대해서도 무슨 말을 하면 그는 고개를 끄덕이며 긍정하였다. 꼬치꼬치 결점을 지적하는 사람들은 대개 심리적으로 불안한 상태라는 것을 염두에 두고 고객들의 개인적인 문제에 대해서도 조언을 아끼지 않았다.

이런 노력 덕분에 그와 관계를 맺은 고객들은 모두 그에게 친구 이상의 친밀감을 느끼게 되었으며, 허심탄회하게 말할 수 있는 사이가 되어 그의 사업은 날로 번창하게 되었던 것이다.

자신의 위치가 불안하거나 어려움을 겪고 있는 주위 사람에게 신념을 되찾게 해주는 말 한마디가 그를 다시 새로운 사람으로 변화시킨다.

좋은 선입관을 심어주라

판단을 내리는 데 선입관이 미치는 영향은 매우 크다.

습관적인 행동은 바로 선입관에 의해서 움직이고 있는 행동이라고 할 수 있다. 따라서 대화가 시작되었을 때 상대에게 선입관을 심어놓으면 상대의 판단을 빗나가게 유도하여 자신의 뜻대로 움직이게 할 수 있다.

오바마는 경선에서부터 대통령에 당선되기까지 국민들에게 좋은 선입관을 가지도록 노력하였다.

많은 청중들 앞에 설 때에는 항상 정장 차림으로 등장했으며, 소규모의 집회이거나 소수의 사람들을 만날 때에는 간편한 차림으로 친근감을 나타내도록 힘썼다. 그리고 자신은 변화를 이끌어낼 수 있는 새로운 인물임을 강조했다.

설득에 있어서 일단 상대에게 '좋다'라는 감정을 심어주는 데에 성공하면 당신이 어떤 요구를 하더라도 그는 절대적으로 '좋다'라는 반응을 나타낼 것이다.

카네기는 직원을 전입시키거나 좌천시킬 때 그럴듯하면서도 실권이 없는 유명무실한 자리를 주어 처리했다. 그는 항상,

"우리 회사에서는 인사이동이 있을 때에는 항상 더 좋은 자리로 승진시키기 위함이다." 라는 말을 했고, 실상 대부분이 그렇기도 했다. 그래서 당시 인사이동이 있을 때는 그 당사자는 부러움을 받았다.

그런데 어느 날 철강회사의 노른자위라 할 수 있는 판매부장이 관리과로 발령받았다. 이것은 본인 자신에게 대단한 좌천이었다. 사표를 내라고 하는 것 못지않은 좌천이었다. 그럼에도 불구하고 그 동안 카네기가 심어놓은 영전의 선입관 때문에 관리과에 곧 대단한 권한이 부여될 것이라고 모두들 믿었다. 물론 당사자도 그렇게 생각했으므로 아무런 불만이 없었다.

그런데 하루하루 기대에 부풀어 일하던 그가 사실을 바로 안 것은 무려 3년이 지난 후였다.

이렇게 카네기의 인사이동 전략은 매우 치밀했으나 상대의 올바른 판단

을 흐리게 한 그의 대화의 기술은 그보다 더 지능적이었다.

오바마의 변화와 새로운 인물임을 나타내는 이미지 전략, 좋은 선입견을 준 것이 성공의 원동력 중의 하나이다.

정감 있는 목소리로 말하라

오바마의 매력 중의 하나가 정감 있는 목소리라는 것은 이미 잘 알려진 이야기다.

사람의 목소리에는 그 사람의 진심, 나아가 인생이 담겨 있다. 정감 있는 목소리를 내라.

메시지의 전달에 있어 목소리가 38%를 차지하며, 표정이 35%, 태도가 20%, 내용은 겨우 7%밖에 차지하지 못한다. 특히 전화상에서는 음성이 82%의 중요도를 차지하지만 말의 내용은 18%의 중요도밖에 띠지 못한다. 이것은 얼굴을 보고 대화하든, 전화로 대화하든 말의 내용보다 음성이 더 중요하다는 뜻이다. 결국은 화려한 말의 내용보다 따뜻한 음성이 더 마음을 파고든다는 의미이다.

단어는 쉽게 바꿀 수 있지만, 음성에는 고스란히 감정이 배어들기 마련이다. 결국 음성이 따듯하려면 진심으로 상대방을 좋아해야 된다.

내용과 함께 음성에 신경을 써라. 바탕이 고와야 그 위에 장식을 해도 멋지게 보이는 것처럼 음성은 대화의 밑그림이며 기본이다. 가장 따뜻하고 진실한 목소리를 내기 위한 최고의 방법은 상대를 진심으로 좋아하고 존경하는 것이라는 점을 명심하라.

누릴 수 있는
권리를 말하라

오바마는 어느 토크쇼에 출연하여 대담할 때 국민들이 누릴 수 있는 권리에 대해서 말하는 것을 필자는 인상깊게 보았다.

그는 대담에서 우리 미국 국민들 모두가 의료보험의 혜택을 받을 권리가 있으며, 이라크 전쟁에 매일 쏟아 붓는 막대한 돈으로 주택을 짓고 학교를 건설하여 행복을 누릴 권리가 있다고 말하였다.

똑같은 말이라도 지켜야 하는 '의무' 보다는 누려야 할 '권리' 로 말함으로써 상대방을 존중할 줄 알아야 한다.

우리는 어릴 적부터 귀가 따갑게 들려왔다. 성숙한 민주주의 시민은 권리를 앞세우기 전에 의무를 다해야 한다고 윤리 시간에는 국가의 4대 의무, 즉 교육, 납세, 국방, 근로의 의무를 지켜야 한다고 교육을 받았다. 그 의무를 충실히 지킬 때만 자신의 권리를 누릴 수 있다는 것이다. 맞는 말이다. 그러나 어쨌든 '의무'라는 단어는 부담스런 의미로 다가올 수밖에 없다.

똑같은 사안이라도 '의무'로 표현하는지, '권리'로 표현하는지에 따라 그 느낌은 천차만별일 수밖에 없다.

오바마는 모두에게 누릴 수 있는 권리를 강조하여 국민들로부터 많은 호감을 얻게 되었다.

part 03

청중을
사로잡는
오바마 화술

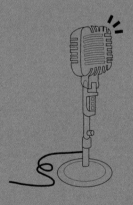

THE GREATEST NARRATIVE SKILL OF
BARAK OBAMA WHICH MAKES A MIRACLE

단순한 표현을
리듬감 있게 호소한다

오바마는 특유한 반복적 언어를 사용함으로써 청중의 감성을 자극한다.

어느 연설에서나 오바마는 "고대한다"는 말을 반복 사용하여 그 말을 사람들의 머리 속에 인식시킨다.

"우리는 좋은 직장을 얻을 날을 고대하고 있습니다."

"우리는 건강보험을 고칠 날을 고대하고 있습니다."

"우리는 이라크전쟁이 끝나기를 고대하고 있습니다."

이런 말을 열 번 이상 반복하여 청중이 자신의 문제로 인식하게 만든다.

그리고 그는 마지막을 "반드시 우리는 할 수 있습니다."라는 말로 장식한다.

청중들은 환호하면서 오바마가 그토록 여러 번 반복한 것이 사실로 이루워질 줄 믿게 된다.

앞에서도 지적했지만, '변화와 희망'은 국민 모두가 이해할 수 있는 말이며 또한 듣고 싶어하는 말이다.

어느 연설장에서나 모인 청중들이 믿고 떠들어대면 그것이 곧 미국 전역에 퍼진다. 오바마는 그것을 잘 알고 있다.

사람들은 상대의 말이 허황할지라도 그 말을 계속 반복하면 그것을 믿고 싶어한다. 오바마가 계속해서 변화를 주장하자 청중은 정말로 변화가 올 것이라고 믿어진다.

사람들은 사랑하는 연인에게 여러 번 "사랑해" 하고 말하면 정말로 사랑하는 줄로 믿게 된다. 오바마는 청중이 듣기 원하는 말을 반복해서 강조한다.

새로우면서 단순한 표현을 사용한다

사람들을 설득시키는 말은 일반적으로 단순할수록 좋다. 그리고 새롭고 신선한 내용이어야 한다. 진부한 말에 사람들이 호감을 갖지 않는다.

오바마는 자신이 하고 싶은 말을 가장 쉬운 언어로 압축시켜서 표현한다. 그러면서 예를 들어서 "친애하는 국민 여러분" 같은 진부한 표현은 사용하지 않는다.

오바마가 정치 초년생임에도 갑자기 부각된 것은 그의 연설문 때문이다. 즉 그의 연설문에는 신선한 발상을, 신선한 용어로 나타내었다. 바로 그것이 오바마의 연설의 매력이다.

그의 연설 중에서 백미는 민주당 전당대회에서의 연설이다.

민주당 전당대회에서는 자연히 공화당을 비난하고 부시를 비난하는 연설을 하는 것이 상식이다. 그런데 그는 그런 상식을 깼다.

"진보의 미국도 보수의 미국도 없습니다. 백인의 미국도, 흑인의 미국도 라틴계의 미국도 아시아인의 미국도 없습니다. 미합중국이 있을 뿐입니다."

편을 가르는 이야기도 전혀 없는 '우리 모두'를 호소하는 오바마의 연설에 많은 청중들은 참으로 오랜만에 듣는 이야기로 감동의 눈물까지 흘렸던 것이다.

대화를 할 때나 누구를 설득할 때 상대가 예상치 못한 발언을 하면 감정이 자극받아 의외의 효과를 낼 수 있다.

오바마는 이런 설득의 효과적인 방법을 사용하여 국민들을 자기 편으로 만들었던 것이다.

맞춤형 연설을 한다

오바마는 선거 때 소규모 연설을 많이 한 것으로 유명하다. 그는 그런 유세 때마다 그 청중들이 무엇을 듣기 원하는가를 미리 알아내는 비상한 재주를 지녔다. 오바마의 연설이 설득력이 있는 것은 그냥 말을 잘 해서 아니면 잘 생겨서가 아니다. 누구를 위해 어떤 말을 해야 할지를 속속들이 파악하고 나서 그에 걸맞는 맞춤형 연설을 구사할 줄 아는 능력이 있었던 것이다.

오바마는 연설을 할 때마다 격정적으로 하지 않았다. 소규모 상대의 연설을 할 때에는 농담도 하지 않고 차분하게 비전만 제시했다. 소규모의 집회에서 오바마의 연설을 들은 한 사람은 이렇게 말했다.

"마치 교수가 강단에서 연설을 하는 것과 같다." 오바마는 청중의 수와 성격에 따라서 맞춤형 연설을 했던 것이다. 그에게는 청중의 성격에 따라

적절하게 이끌어가는 능력이 탁월했던 것이다.

오바마는 소규모의 청중들과의 만남에서는 청중들을 흥분시키지 않는다. 차분하게 교수가 강의하듯 한다. 그러나 대규모 청중들 앞에서는 다른 스타일로 청중들을 열광시킨다.

오바마는 또 청중들이 듣고 싶어하는 이야기를 한다. 청중이 듣고 싶어하는 이야기는 청중의 성격에 따라 다를 것이다.

사람들은 자신과 무관한 얘기에는 관심이 현저하게 떨어진다. 자기와 관계 있는 이야기라도 그 이야기를 왜 하는지 모르면 관심이 엇갈린다. 오바마는 대중의 관심이 어디 있는지 조사하는 것에 많은 시간과 노력을 기울였다.

이것은 비즈니스에서도 똑같이 적용할 수 있다.

그 연설이 누구를 대상으로 한 메시지인지 항상 고려해야 한다.

입장이 달라도 흥미를 느끼는 것은 거의가 대동소이하다.

예를 들어 경영자가 주주를 위해서 연설을 하면 주주들이 가장 흥미를 갖고 있는 사업의 성장성에 대해서 말해야 하고, 매니저들을 교육하는 세미나에서나 팀의 멤버에 대해서 이야기를 해야 한다면 팀의 방향과 실무적인 요구에 시간을 많이 활용해서 이야기 하는 것이 좋을 것이다.

청중의 초점을 맞추는 것이 공동의 포인트이다.

질문을 많이 한다

우리나라 정치인 중에 연설을 하면서 청중에게 질문을 많이 하는 정치인은 전 대통령 김대중 씨이다.

그는 연설 도중에 또는 끝날 무렵에 "나는 이렇게 생각하는데 여러분은 어떻게 생각하십니까? 나의 생각에 동의하시지요?" 하는 식으로 반문한다.

이와 비슷한 방법이지만 오바마 역시 청중에게 자신의 주장을 열거하는 것보다 "당신이라면 어떻게 하시겠습니까?" 하고 질문하여 청중의 환호성을 유도한다.

이미 공감대가 형성되어 있는 내용에 대해서 도중에 질문을 던지면 청중의 반응을 쉽게 이끌어낼 수 있다.

반응은 다시 상호 교감으로 이루어진다. 듣는 사람이 일방적으로 말하거나 의견을 제시하면 설득당했다는 불쾌감을 가질 수도 있다. 그러나 질문을 하고 답변을 들음으로써 함께 형성되었다는 주체의식으로 적극적이된다.

청중은 자신이 적극 관여했던 주제이므로 그것에 확신을 갖게 된다. 이렇게 하여 연설의 효과를 극대화하는 효과를 가져오게 된다.

오바마는 어느 연설에서나 "워싱턴을 바꾸어야 하는데, 누가 바꿀 수 있습니까?"하고 질문을 던진다.

힐러리는 "나는 이것을 해결하겠습니다."라고 말한다.

그러나 오바마는 "누가 이것을 해결할 수 있을까요?"하고 질문을 던져 "바로 우리입니다."하는 답변을 이끌어낸다. 이렇게 질문을 많이 하여 청중으로 하여금 참여케 하여 역전의 효과를 이끌어내는 것이 오바마 연설의 특징 중의 하나이다.

자신의 이야기를
숨김없이 말한다

우리나라는 물론 세계에서 제일 큰 교회인 여의도 순복음교회를 세운 조용기 목사는 설교시간에 자신의 경험을 인용하는 것으로 유명하다. 그는 설교 때마다 자신이 겪었던 어려운 시절과 그것을 신앙으로 극복한 이야기를 숨김없이 전하여 많은 교인들에게 감명을 주고 있다.

오바마 역시 자신의 이야기를 연설의 주제로 즐겨 사용한다. 불행했던 한 젊은 시절의 이야기는 감출 수도 있지만 숨김 없이 인용한다

'미국은 희망의 땅'이라고 말할 때에는 아프리카 혈통을 받은 자신이 상원의원이 된 것을 이야기한다.

"부모님이 '벼락'이라는 아프리카 이름을 지어주었을 때에는 관대한 나라 미국에서는 이런 이상한 이름 때문에 성공의 장애물이 되지 않기 때문입니다."

이처럼 연설 내용이 말하는 사람의 정체성과 일치할 때 청중은 연설자에게 일체성과 호감을 느끼게 되는 것이다.

오바마는 또 자신의 지난날의 불우했던 과거를 이야기했으며, 자신의 조부모와 부모가 미국에서 어떻게 살아왔는가를 자세하게 설명하였다.

오바마는 자신의 과거의 모든 사실에 대해서 하나도 숨김 없이 말하여 청중의 호감을 얻는 데에 성공하였다.

part 04

국민의
마음을 바꾼
오바마의 화술

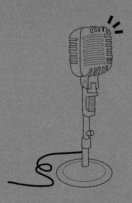

THE GREATEST NARRATIVE SKILL OF
BARAK OBAMA WHICH MAKES A MIRACLE

비호감을 호감으로 바꾸다

민주당 후보인 존 케리가 부시에게 패한 후 2004년 11월 각종 여론 조사에서 다음 민주당 후보로 가장 가능성이 높았던 힐러리 클린턴은 2007년 출마 발표 이후 자금력과 지명도에서 압도적 우위였다. 이때 도요새에 불과했던 힐러리는 독수리가 되어 미국의 하늘을 펄펄 비상하고 있었다.

이에 반해 그의 경쟁 상대로 뛰고 있는 오바마의 그림은 초라했다. 즉 그는 인도네시아에서도, 하와이에서도, LA에서도 늘 울타리 근처에서 쭈뼛거리는 잡초에 불과했다.

정치 풋내기에 불과하고 돈이 많은 것도 아니고 경력이 화려한 것도 아닌 오바마는 백인이 주요 등장인물인 사회에서 흑인의 정체성을 지닌 최초의 정치인이었기에 미국 국민들로부터 비호감의 인물이었다.

흑인이라는 타고난 핸디캡을 가지고 있고 그의 이름마저 테러주범인 오사마와 비슷하여 미국 국민들에게 비호감 인물일 수밖에 없었다.

오바마는 비호감을 호감으로 바꾸기 위해 어떻게 했을까?

아이오와 주에서 최초로 개최되는 민주당 당원 집회는 오바마에게 매우 중요한 집회였다.

오바마가 민주당 대통령 후보 예비선거에 출마를 선언한 후 처음으로 많은 군중 앞에 모습을 드러내는 계기이기 때문에 이 집회에서 지금까지 오바마에 대한 국민들의 비호감을 바꿀 수 있느냐 그렇지 못하느냐가 남은 예비선거에 중요한 영향을 주는 결정적 계기이기 때문이다.

오바마 자신도 누구보다도 그것을 충분히 알고 있었다.

오바마는 연설에 자신의 차례가 돌아오자 공식석상에서만 입는 검은 셔츠에 넥타이를 맨 정장 차림으로 만면에 밝은 웃음과 자신 있는 표정으로 한 손을 높이 치켜들고 좌우를 돌아다보면서 단상에 올라섰다.

그 순간 운집해 있던 수많은 민주당 당원들은 "와!"하는 환호성과 함께 일제히 일어서서 "오바마!" "오바마!"를 연호하기 시작했다. 그 순간 오바마에 대한 선입견과 편견이 사라지고, 비호감이 호감으로 바뀌었다. 그리하여 오바마는 마침내 최초의 예비 선거에서 힐러리를 누르고 미국은 물론 세계를 깜짝 놀라게 한 최초의 기적의 한마당이 열리게 된 것이다.

세기적인 기적을 만든 오바마 화술

오바마는 비호감을 호감으로 바꾸기 위해 친근감을 주는 밝은 웃음과 자신감이 넘치는 표정, 깔끔한 복장과 세련된 매너와 국민을 사랑하는 진심을 가지고 첫무대를 장식했던 것이다.

호감을 얻어야 사람을 얻을 수 있다.

누구를 설득하든 먼저 그 사람으로부터 호감을 얻어야 한다. 누구나 처음 만나는 사람에게 경계심을 가지게 된다. 경계심을 없애고 친근감을 느끼게 하기 위해서는 좋은 인상을 심어주는 것이다.

좋은 인상을 주기 위해서는 상대방을 진심으로 좋아해야 한다. 오바마는 진심으로 미국 국민들을 좋아했다.

오바마의 호의가 미국 국민들에게 전달되면서 미국 국민들도 그를 좋아하게 되었다.

누구라도 호감을 얻으려면 상대방의 기분을 좋게 만들어야 한다.

많은 사람들 중에 늘 밝고 활기찬 표정으로 사람들을 즐겁게 하는 사람이 있는가 하면 자신도 모르게 늘 어두운 표정으로 상대방의 기분을 나쁘게 하는 사람이 있다. 표정이 밝은 사람은 대체적으로 성격도 밝고 적극적인 경우가 많다. 누구나 밝고 건강한 이미지를 지닌 사람을 좋아한다.

사람은 저마다 자신만의 분위기를 만든다. 분위기는 첫인상과 함께 그 사람에게 느낄 수 있는 이미지를 결정하는 요소라고 할 수 있다.

강조, 재강조의 화법을 구사했다

중요한 것은 몇 번이고 강조하는 방법이 좋다. 사람의 기억력에는 한계가 있기 때문에 어떤 일도 한 번 들으면 기억에 남지 않기 때문이다.

설득의 종류 중에 자신의 요구를 관철시키기 위한 주장형 설득은 주장을 계속 반복하는 것이 좋은 방법이다. 중요한 주제가 있으면 지루할 정도로 반복하면 많은 사람들의 뇌리에 침투하게 되기 때문이다. 오바마는 바로 이런 방법으로 미국 국민들을 설득했다. "반드시 우리는 할 수 있다."는 말을 수없이 반복하여 강조하였다.

이때까지 아직 힐러리를 막판까지 몰아 놓지 못한 오바마와 만회를 기대하는 힐러리는 서로 결정타를 날리지 못하고 빈정거림과 비난으로 응수하는 날이 계속되고 있었다.

특히 힐러리는 오바마의 이름을 막 불러대는 분노의 퍼포먼스까지 해

보이는 그야말로 진흙탕 싸움이 계속되고 있었다.

그러나 오바마는 이런 힐러리에 맞대응하지 않고 어려운 서민들의 삶을 강조하여 유권자들의 감성에 호소하였다.

"노동자들은 20년간 성실하게 주주의 이익을 위해서 공장에서 일해 왔는데, 어느 날 갑자기 아무런 이유도 없이 해외에 발령을 내는 사람들도 있다. 그 노동자들의 10대 아이들이 시급 7달러를 받고 패스트푸드 점에서 일하고 있다. 이런 사람들의 삶을 위해서 우리는 싸우지 않으면 안 된다."

어느 교직원은 오바마의 이 연설을 듣고 "이곳 사람들은 지금까지 오바마에 대해서 시큰둥해 있었지만, 오바마가 패스트푸드의 일을 이야기하자 마음을 움직이기 시작했다. 내 인생에서 진정으로 변화가 일어나는구나 생각했다."

한편 힐러리는 2000년 대통령 선거에서 부시대통령이 써먹었던 '동정심 있는 보수주의자들의 변화를 호소하고 있는 사람들을 사칭한 결과 최악의 사태가 발생했다.'고 오바마의 변화를 공격했다. 힐러리는 오바마를 변형시켜 부시대통령과 동일시하는 전략을 세워 오바마의 이미지를 깎아내리려고 하였다.

그뿐만 아니라 힐러리는 오바마를 정면대결하지 않은 '비겁자'라고 몰아세웠다.

그러나 오바마는 맞대응을 하지 않고 계속 "반드시 우리는 할 수 있다." 고 호소하였다.

주장을 하면 싫은 표정을 짓는 사람도 있고, 주장하는 것을 반대하는 사람도 있다. 하지만 세상에는 다양한 생각이 존재하므로 이러한 반응은 당연할지도 모른다.

자신의 의견을 밀어붙이는 것도 좋지 않지만 자신의 주장을 상대가 이해하기까지 반복, 또 반복하는 것도 자신의 의견이나 주장을 관철시키는 합리적인 방법이다. 오바마는 이 방법을 효과적으로 잘 활용하였다.

일부 계층이 아닌
국민 전체를 목표로 했다

　힐러리는 여성과 블루 칼라 층의 압도적 지지를 계속 유지해나가기 위해서 온 힘을 기울이고 있었다.

　이에 반해 오바마는 특수층이 아닌 모든 국민들이 듣기를 원하는 것을 여러 계층의 사람들의 입장, 특히 소외된 사람들의 입장에 서서 이야기하였다.

　"이 선거에 있어서 선택은 지역, 종교, 성차별은 없었다. 부자와 가난한 자도, 젊은이와 고령자도, 그리고 흑인과 백인의 선택이 아니다. 미국의 과거와 미래의 선택도 아니다. 반드시 우리는 미국의 미래를 움켜쥘 수 있다."

　사우스케로리나 주는 흑인의 비율이 높은 주이므로 여기서 오바마가 힐러리와의 차이를 벌리느냐가 이후의 흑인표의 판세를 결정하게 된다.

오바마는 과거 정치로부터의 탈피와 미래의 새로운 정치를 열망하는 소외된 모든 계층의 사람들이 바라는 새로운 정치의 도입을 약속한 결과, 힐러리와 달리 여러 계층의 사람들의 지지를 결집할 수 있었다.

'과거의 정치'라면 특수 권익과 어우러진 중앙정치의 세계이고, '미래의 새로운 정치란' 과거에 이러저러한 불안을 안고 있는 사람들에게 용기와 희망을 주고, 안정된 정권으로 아래로 점점 넓혀나가 분열된 모든 것을 아우르는 정치를 말하는데, 오바마는 이런 정치를 하겠다고 약속한 것이다.

그러면서 그는 그들이 사용하는 언어로, 누구나 쉽게 이해할 수 있는 말로 이야기한 것이다.

누구나 이해할 수 있는, 오바마의 친숙한 말 '우리들은 할 수 있다.'에서 자신감을 불어넣어 주었으며, 막연하게 불안을 느끼고 있는 그 지역의 주민들에게 '미국은 변화하지 않으면 안 된다'는 사실을 인식시켜 변화와 희망의 '물결'과 '현상'을 만들기 시작했다.

오바마가 듣는 사람이 자신의 용어로 느낄 수 있게 말하는 화술을 요약하면 다음과 같다.

첫째, 전문용어는 가급적 사용하지 않으며, 누구나 이해할 수 있는 말로 했다.

둘째, 어떤 대화에서나 가급적 어려운 말이나 외래어를 사용하지 않았다.

좋은 이미지를 부각시키는 데 성공했다

　정치가가 자신이 어떤 인물인지, 그 이미지를 한 마디로 요약시키는 일은 쉽지 않을 것이다. 오바마는 자신의 이미지를 '미래'로 각인시키고, 힐러리를 '과거'라는 상표를 붙이도록 하였다. 그 결과 유권자들은 오바마에게 '미래'라는 희망적인 이미지를 갖게 되었고, 힐러리에 대해서는 '과거의 인물'을 대표하는 인물로 생각하게 되었다.

　그러나 경선 중반에 들어서 오바마는 선전했지만, 힐러리가 변함없이 우세를 유지하고 있었다.

　오바마는 사람들의 막연한 불안감을 불러일으킬 '물결과 현상'을 만드는 데에는 성공했지만, 이후 그것을 어디로 향할 것인가, 공격의 목표와 대상을 명확하게 제시하지 못했다. 그래서 오바마는 '워싱턴'이 한마디로 대상을 못 박았다.

지금까지 힐러리는 계속 일하는 대통령을 경험이 풍부함을 어필하였고 오바마는 '변화'에 대해서 '미국을 다시 만들자.'는 슬로건으로 대응하였다.

이에 오바마는 통합을 기치로 내세우면서 이렇게 호소했다.

"흑인, 백인, 히스페닉계, 아시아계, 혼혈미국인, 동성애자, 이성애자, 북부, 남부, 동부, 서부, 부자, 가난한 자, 젊은이, 고령자 모두의 소리를 모아 워싱턴을 지배하려는 특수 권익자에 대항하자."

또한 오바마는 "우리들의 시대가 왔다. 우리들의 힘은 진지하다. 변화가 미국에서 일고 있다."고 역설하면서 소외층의 지지를 호소했다. 그리고 그는 이번 선거야말로 다르다는 것을 심어주기 위해 "이제부터는 다르다. 왜냐하면 이번 대통령 선거는 다르기 때문이다."라고 역설하여 국민들에게 변화의 이미지를 각인시키는 데에 온힘을 기울였다.

또한 경험이 풍부함을 강조하는 힐러리에 대해서 '변화'와 새로운 리더십'을 강조하였다.

그런데 정책면에서는 근본적인 차이가 없기 때문에 이미지 전략이 승부가 좌우된다.

힐러리 지지자들은 "오바마는 좋지만 힐러리 쪽이 정치가로서 뛰어나다."라고 말하는 반면에 오바마 지지자들은 "정치에 이렇게 흥미를 가진 것은 처음이야."라고 말한다. 그리하여 마침내 '경험의 힐러리'와 '변화의 오바마'로 이미지가 완전히 정착되어 버렸다.

이미지는 현실 특히 선거에서 당락을 좌우하는 막대한 영향력을 지닌 채 마구 그 힘을 발휘하고 있다. 이미지는 어느 한 사람에 대해서 "저 사람에게 이 일을 맡기면 돼." 하는 믿음과 신념을 갖게 만든다.

오바마는 연설이나 대화를 할 때 듣는 청중에게 직접 연관이 되는 말 즉, '우리는 미래를 거머쥘 수 있다'는 말로 하였으며, 청취자로 하여금 친근감을 느낄 수 있도록 일상회화에서처럼 쉬운 단어, 짧은 문장 즉 '반드시 우리는 할 수 있다.'는 말과 '변화'를 사용하여 능력 있는 이미지, 좋은 이미지를 만드는 데에 성공하였다.

누구나 공감할 수 있는
주제를 택했다

오바마는 "반드시 우리는 할 수 있다."를 완전히 국민 모두를 위한 전략으로 도입하여 "반드시 그는 할 수 있다." "반드시 그녀는 할 수 있다."고 하는 새로운 모습으로 전환시켰다. 그리하여 청중들은 오바마와 함께 "반드시 우리는 할 수 있다."라고 한 목소리로 외쳤다. 이렇게 전환시킨 것은 인종과 계층의 구별 없이 누구나 공감하게 만들기 위한 전략이었다.

이 화법으로 오바마가 단지 흑인을 대표하지 않고, 분단된 미국의 연대와 통합을 이루고, 인종, 성별, 노인과 젊음을 초월한 변화를 갈구하는, 모든 사람들의 신망을 받게 되었다.

그리하여 광범위에 걸쳐 많은 지지자들을 갖게 되었고, 그 지지자들은 "우리들이 살고 있는 나라는 나라라고 할 수 없다. 누군가가 무엇인가를 다르게 재탄생시키고 본질적인 변화를 가져오지 않으면 안 된다. 그러기 위해서는 오바마가 최선의 선택이다."라고 말하면서 오바마가 꼭 변화를 가져올 것이라고 기대하고 있었다.

오바마가 외친 "반드시 우리는 할 수 있다."는 말과 '변화'에 대한 기대가 미국 전체를 통해 큰 물결을 이루어 나갔다. 이것은 누구나 공감할 수 있는 주제이기 때문에 모든 사람들이 공감대가 형성되었기 때문이다.

국민의 마음을 바꾼 오바마의 화술

part 05

강적을 물리친
오바마의 화술

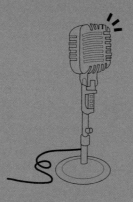

THE GREATEST NARRATIVE SKILL OF
BARAK OBAMA WHICH MAKES A MIRACLE

이미지를 각인시키고 굴했다

오바마는 강적 힐러리를 물리치기 위해서 이미지 싸움에 승부를 걸었다.

"만약 뉴 오리온 주를 재건할 수 있다면, 그 바람은 보이지 않는 장벽, 즉 이 마을과 미국을 갈라놓은 분열, 흑인과 백인의 오래된 분열, 그리고 부자와 가난한 자의 분열을 없앨 수 있을 것이다. 이제 그런 분열은 과거로 묻어 버리자. 지금이야말로 현명한 선택의 순간이다."

오바마는 이렇게 분열을 과거의 행태로 몰아붙이고, 그런 과거를 묻어 버리자고 호소했다. 그런 과거의 중심에 힐러리가 있다는 것은 오바마가 직접 말하지 않아도 미국 국민들이 알게 된 것은 힐러리를 과거의 인물로 만들었기 때문이다.

그는 또 "매케인과 힐러리 같은 정치가를 제외하고는 국민 대부분이 결코 인정할 수 없는, 결코 행동할 수 없었던 이라크 전쟁에 대해 찬성표를 던진 곳이 바로 워싱턴이다."라고 워싱턴 중심으로 한 중앙정치를 비난하면서 과거에 이라크 전쟁에 반대표를 던진 자신을 우회적으로 부각시켰다.

이런 호소가 미국 민주당 지지자들에 먹히면서 각 주의 민주당 전당대회에서 오바마는 파죽지세의 9연승을 달렸으며, 일반 대의원수와 특별 대의원 총수에 있어서 힐러리를 역전시켰으며, 자금 모집에서도 힐러리를 앞섰다.

이런 현상에 고무된 오바마는 이렇게 힘차게 외쳤다.

"이 순간, 물결과 정신이 높아짐을 느낀다. 미국에서 무엇인가 일어나고 있다. 사람들은 곧 비약을 하려고 하고 있다."

마침내 힐러리를 지지했던 유력한 흑인의원이 오바마 지지로 돌아서는가 하면, 드디어 흑인과 젊은이들만이 오바마를 지지하는 것이 아니라 오바마의 가능성을 의심했던 많은 사람들도 오바마 지지로 돌아서기 시작한 것이다.

오바마는 대 이라크 무력행사에 찬성한 힐러리를 매케인과 같은 과거의 워싱턴 인물로 단죄를 하였다.

오바마는 힐러리가 과거의 정치를 타파하는 일은 어렵다고 역설하였다.

오바마는 한 사람의 의식, 하나의 마을, 그리고 하나의 주가 변하면 미국 전부가 변할 수 있다고 호소하였다.

하나하나가 쌓여 첫 시초의 기초 운동이 되어 이것이 물결을 이루게 되는 것이다.

이 물결은 케네디 신화에서 시작해서 새롭게 오바마의 신화가 되어가고 있었다. 그리하여 케네디 밑에서 일한 바 있는 정치인들은 '지금까지의 정치가 중 케네디를 방불케 하는 것은 오직 오바마 뿐'이라고 평가하였다.

어느 누구에게나 이미지가 좋든 나쁘든 한 번 생기면 관계 없이 고치가가 쉽지 않으며, 시간이 지남에 따라 점차 굳어져 그 사람의 것으로 형상화된다.

'변화', '반드시 우리는 할 수 있다.' 그리고 '과거 대 미래'라고 하는 말이 사람들의 뇌리에 각인시키는 이미지 화법으로 마침내 오바마는 지지층의 급속한 확대에 성공하기에 이르렀다.

구체적인 예를 들어 알기 쉽게 설명한다

오바마는 이해하기 쉬운 주제에다 더욱 이해를 돕기 위해서 구체적인 예를 들어서 알기 쉽게 말하는 화법을 구사하였다.

예를 들어서 '노동자가 직장을 잃고 곤경에 처해 있다.' 라고 한 마디로 제시하는 것은 간단하지만, 그것만으로 노동자들의 공감을 얻기가 어렵다. 왜냐하면 그 말은 일반적인 이야기에 지나지 않기 때문이다.

그것을 구체적인 예를 들어서 알기 쉽게 설명하면 유권자들이 그것을 사회문제로 직접 몸으로 느낄 수 있는 것이다. 이것이 진정한 이해를 시키는 화술이다. 오바마는 바로 이런 화법을 구사하여 미국 유권자들을 설득했던 것이다.

오하이오주와 텍사스 주에서 힐러리는 당초 기대한 만큼의 승리를 얻지 못하자 오바마의 추격을 피할 수 없게 되었다. 그 때문에 그때부터 힐러리

사퇴론이 대두되기도 했다. 그러나 힐러리는 힘찬 목소리로 최후까지 경선을 치루겠다고 선언하였다.

그리고 마지막 큰 표밭인 펜실바니아 주에서 힐러리는 역전 승리의 발판을 마련할 것으로 기대했다. 펜실바니아 주는 클린턴 가와 인연이 깊은 곳에다 힐러리가 높은 지지를 자랑하는 고학력과 젊은 층들이 몰려 있기 때문에 큰 표 차이로 압승한다면 역전승의 기대도 꿈만은 아니기 때문이다. 클린턴의 지원사격을 받은 힐러리는 위기를 돌파하려고 무엇인가를 도모하려고 계획하고 있었다. 그러는 사이에 뜻하지 않은 곳에서 오바마에게 최대의 위기가 찾아왔다.

연설에서나 프레젠테이션에서 상대가 알아듣기 쉽게 하는 방법의 하나가 예를 많이 드는 것이다. 예를 들 때에 주제와 관계되는 저명한 인사의 예를 들면 더욱 효과적이다.

문제를 솔직히 인정하고
그것을 뛰어넘는
승부수를 던지다

오바마가 다니는 교회의 담임목사이면서 오바마의 인생에 많은 영향을 준 라이트 목사는 9.11테러는 미국에게도 책임이 있으며, 미국 정부는 흑인들에게 에이즈를 퍼트리고 있다는 충격적인 발언을 한 것이다. 라이트 목사의 발언은 오바마에게 불똥이 뛰어 오바마의 지지율은 급락을 했다. 이제까지 오바마는 인종문제에 대해서는 가급적 언급을 피해왔던 것이다.

흑인인 오바마에게 인종문제는 알레르기 건이었다. 오바마는 흑인으로서 당한 굴욕적인 역사를 외면할 수도 없고, 그렇다고 백인들 앞에서 당당하게 흑인을 옹호할 수도 없는 처지였다.

그러나 오바마는 정면승부를 하기로 마음먹었다. 언젠가는 반드시 부딪쳐야 할 문제이기에 이 기회에 분명하게 말하는 것이 유리하다고 생각했다. 그리하여 그는 문제를 솔직히 인정하기로 했다.

"인종문제는 지금 미국이 무시할 수 없는 문제라고 생각합니다."

그리고 그는 흑인의 입장에서 솔직하게 부끄러운 과거사를 언급했다.

"(과거에 학대받은 흑인들의) 노여움은 물론 강한 상태입니다. 원인을 이해하지 않고 그것이 수그러지기를 원하거나 그것을 비난한다면 인종 간에 존재하는 오해의 구조를 넓힐 뿐입니다."

그러면서 미국 역사상 가장 뿌리 깊고 어려운 인종문제를 자신이 해결할 수 있다고 강조하였다.

"나에게는 확고한 신념이 있습니다. 또한 신에 대한 신앙과 미국 국민들의 신뢰가 있습니다. 따라서 인종문제가 가져다 준 고난을 우리 함께 극복할 수 있습니다."

그러면서 그 문제를 극복하고 뛰어넘을 대안을 제시했다.

"만약 우리들이 보다 완벽한 연방을 목표로 나아간다면 우리들에게는 그 외에 다른 선택의 여지가 없습니다."

오바마는 미국의 여러 가지 갈등 특히 인종문제를 해결하는 방안으로 완벽한 연방을 제시했다. 오바마가 제시한 완벽한 연방이란 남녀노소, 가진 자와 가지지 못한 자, 노령과 젊은이, 그리고 백인과 흑인의 구별이 없는 완벽한 연방을 의미한다.

오바마는 미국에 있어서 인종문제가 중요하다는 것을 솔직하게 인정했고, 백인들 눈앞에서는 별로 보이지 않지만, 흑인의 마음속에는 과거가 가져다 준 굴욕과 공포에 의한 노여움이 많고 그것은 쉽게 지워지지 않을 것이라고 흑인의 입장에서 솔직하게 말하였다.

한편 백인노동자들에게도 노여움이 있다고 오바마는 말하였다. 백인 노동자들은 자기 자신들은 절대 과거의 차별에 가담하지 않았음은 물론이거니와 오히려, 차별을 시정하려고 흑인들에게 우대조치가 취해준 데 대한 노여움을 느끼고 있다고 솔직하게 말하였다. 그리고 오바마는 인종문제를 이대로 묻어둔다면 미국이 지금 당면하고 있는 여러 가지 문제를 대처할 수 없다고 호소하였다. 그러면서 그는 헌법에 보장되어 있는 '보다 완벽한 연방' 을 목표로 하기 위해 인종문제를 뛰어넘자고 호소하였다.

이 연설 후 CBS의 여론 조사에 따르면 미국 국민 과반수 이상이 오바마의 인종문제에 대한 연설에 대하여 찬성하였다.

오바마는 하나의 위험을 넘어섰다고 할 수 있다.

인간은 누구나 자존심이 있어서 자신의 문제나 실수에 대해서 솔직하게 말하기를 두려워한다. 특히 직장 내에서 상사들이 자신의 실수로 생긴 문제이든 인격적인 문제이든 솔직하게 인정하기를 두려워한다. 이것은 알량한 자존심 때문이다. 그러나 솔직하게 인정할 때 도리여 신뢰를 얻게 된다.

세기적인 기적을 만든 오바마 화술

오바마는 가장 민감한 문제에 대해서 솔직하게 인정하여 미국국민들로 부터 더욱 신뢰를 얻게 되었다.

지나친 자신감이
실수를 가져오다

오바마는 라이트 목사의 발언을 계기로 흑인 문제 뿐만 아니라 국내 문제에 대해서도 서슴없이 말을 하여 사람들의 주목을 끌었다.

그런데 지나친 자신감을 얻었기 때문일까 오바마는 말의 큰 실수를 저지르게 된다.

"고통에 짐을 진 노동자는 노여움을 털어놓는 방법으로 총과 종교, 또는 호의적이지 않은 사람들에게는 적대감, 반이민감정, 거기에 반무역감정에 집착하는 것은 그리 놀랄 만한 일은 아니다."

이 말은 오바마에게 엄청난 실언이었다.

'총'이라면 총의 난사 등의 범죄 행위를 암시하고, '종교'라면 일부의 과격한 종파를 일컬으며, 그리고 '반무역감정'이라면, 무역에 의해 해외의 안전한 제품의 수입을 막고 미국 공장이 고통을 분담하는 무역 원흉론을 암시하고 있다.

오바마의 실언에 대해 어떤 여성은 "오바마는 펜실바니아 주의 일을 잊어버렸다. 펜실바니아 사람들이 이해가 깊었던 것은 그것이 혈통 때문이고 아무 일도 아닌 것에 화를 내고 있는 것은 아니다."라고 말하며 분통을 터뜨렸다.

이때다 하고 힐러리는 틈을 주지 않고 "오바마의 의견은 엘리트주의이고, 실정을 제대로 파악하지 못하고 있다. 미국의 가치와 신념을 파악하지 못하고 있군." 하고 반격을 시작했다.

오바마는, 사실은 경제적 고통 특히 노동자들의 고통을 강조하기 위한 것이라고 해명하면서 힐러리는 계속 네거티브 전략을 구사하고 있다고 반격을 시도했다.

그러나 때는 이미 늦었다. 오바마의 실언이 힐러리의 진퇴가 걸린 펜실바니아 예비선거에서 힐러리에게 승리를 안겨주었다.

말이란 힘이 있으며, 받아들이는 사람에 따라 해석을 다르게 할 수 있는 것이 또한 말이다. 그래서 말의 뉘앙스의 차이가 있다고 한다. 그러므로 말을 할 때에는 보다 분명하게 하지 않으면 안 된다.

만일 오바마가 실언을 하지 않았더라면 힐러리가 패했을지도 모르고, 그 후의 역전의 희망은 그것으로 끝났을 것이다. 오바마의 실언으로 힐러리는 한 고비를 넘기게 되었다.

포용하고 통합할 줄
아는 오바마

　자신과 인연이 있는 사람은 모두 엘리트라고 유권자가 인식하게 되면 이것은 정치가에게 있어서 마이너스이다. 어울릴 수 없는 인간이 아니라 사실은 서민적이라는 연출이 필요하다. 때문에 오바마는 농구도 하고 소탈한 모습으로 유권자에게 이야기를 걸기도 한다. 오바마의 주의나 사상을 모르고 있는 사람이 있으면 이런 행동은 효과가 의외로 크다. 이런 행동이 의외성이 있기 때문에 효과가 높은 것이다.

　오바마의 승리 선언은 매우 진지하였으며, 자신을 과시하는 일은 거의 없었다. 거기에 응답한 힐러리도 "반드시 우리들은 할 수 있다."라고 진지하게 응답했다.

　예비 선거가 끝난 후부터 오바마 진영과 힐러리 진영의 2개를 나눠서 싸운 민주당원을 다시 한번 통합하는 것이다. 힐러리가 걸어온 길, 오바마의 걸어온 길은 각각이었지만 지금부터는 민주당으로부터의 대통령을 목표로 하나가 되는 것이다.

"오늘 밤 하나의 역사적인 여행이 끝난 것을 환영하고 이제는 새로운 여행이 시작되었다. 새로운 여행은 미국에 새롭고 보다 좋은 날을 가져다 줄 것이다. 당연히 당신들이 승리한 것이다. 오늘 밤 내가 여기에 서서 내가 미합중국 대통령 민주당 후보입니다."라는 오바마의 말에 힐러리는 다음과 같이 응수했다.

"우리들의 설계한 목표를 달성하기 위해 지금 싸움을 계속할 방법은 우리들의 활력과 정열 그리고 강인함을 걸고 오바마가 차기 미국 대통령에 선출되도록 전력을 다해 응원하는 것이다."

마침내 힐러리는 오바마에게 영향을 준 6월 3일에 몬태나주와 사우스다코타주를 마지막으로 예비 선거는 막을 내렸다. 만 5개월에 이르는 격투였다.

6월 7일에 힐러리가 오바마를 지지하는 뜻을 밝혀 싸움은 끝이 났다. 오바마의 승리를 들은 케냐 이민들은 "지금까지 없었던 희망을 흑인인 우리들은 지금 기다리고 있다 우리들의 조그마한 자식들을 위해 새로운 목표를 기다리고 있다. 자식들은 흑인이라는 이유로 숨죽여 살아 왔다."라고 희망을 말하고 있다.

6월 27일에 오바마와 힐러리는 뉴 햄프셔주의 유니티(통합의 의미)마을에서 어깨를 나란히 하고 일치단결해서 본선에서 임무를 다할 것을 맹세하였다. 케치프레이즈는 「변화를 위한 연대를」이었다.

힐러리 지지자의 반감을 사면 본선에 악영향을 부른다. 따라서 힐러리를 치켜세워 서둘러 구도를 봉합해 버리는 쪽이 오바마에게 이득이다. 이제 승부는 결정되었기 때문에 얼마만큼 패자를 치켜세워도 문제는 없다. 지금까지 서로 으르렁거렸어도 여기서 감정을 억누르고 어제의 적은 오늘의 동지로 바꾸는 것이다. 여기에는 오바마의 포용의 정치가 있었기에 가능한 것이다.

미디어를 잘 활용했다

"나에게는 꿈이 있다."

1963년 8월 28일. 킹 목사는 워싱턴에 집결한 대 관중 앞에서 역사에 남는 연설을 했다. 그로부터 정확히 45년 경과된 2008년 8월 28일 콜로라도주 덴버에서 개최된 민주당 대회에서 오바마가 대통령 후보지명 수락 연설을 했다. 오바마는 마치 혜성처럼 등장했다.

미국 국민들은 바로 이전까지 9.11 동시다발 테러의 주모자인 오사마 빈 라덴이라는 이름으로 종종 착각해왔던 것이다.

지금 전국이 아니 전세계가 오바마에게 주목하고 있다고 해도 과언이 아니다. 2004년에 민주당 전당 대회에서 오바마가 기조연설을 했을 때 '빨리 오바마를 2008년 대통령 새로운 후보로' 라는 소리가 있었지만 이것이 정말로 현실이 될 것이라고는 누구도 생각하지 못했다.

그러면 오바마의 기적 같은 승리의 요인은 무엇일까?

여기에 여러 가지 답이 있을 수 있으나 한 가지 무시할 수 없는 것이 있으니 바로 미디어 전략이다.

지난 선거와 많이 다른 점은 여러 가지가 있으나 그 중의 하나가 바로 미디어 활용이다. 즉 일반 대중의 소리를 보내어 자신의 생각을 표현하는 무기를 가진 것이다.

이제 선거운동은 매스미디어만으로 부족하다. 매스미디어에 더해서 인터넷이 차츰 영향력을 키워가고 있다. 현대의 선거는 신문, TV 라디오, 인터넷 등 모든 매스미디어를 총동원하지 않으면 안 된다.

지금까지의 미디어전략은 매스미디어를 활용하여 얼마만큼 훌륭한 후보자로 일반대중에게 어필시키느냐가 과제였다. 후보자 보다 매스미디어 그리고 일반대중이라고 하는 일방통행의 흐름이었다.

그러나 지금은 일반 대중도 정보를 보낼 수 있다. 매스미디어가 오바마를 호의적으로 보도하면 인터넷에서 그 기사와 영상이 흘러나온다. 이번에는 인터넷에서 오바마의 연설을 주제로 한 노래가 흘러나온다. 그러면 매스미디어가 그것을 취재한다. 이와 같이 매스미디어와 인터넷이 서로의 순환을 발생시키는 것이다. 이런 작전을 구사한 오바마는 큰 힘이 되었던 것이다. 인터넷에 중독되어 있는 젊은이들이 오바마에 대한 기사를 전

자메일로 곧바로 친구들에게 알린다. 그러면 그 친구들이 또 다시 많은 친구들에게 알린다. 이와 같은 연쇄반응이 오바마가 힐러리를 맹추격하는 무서운 바람을 일으켰던 것이다.

인터넷은 오바마가 강조하는 풀뿌리 활동의 강력한 무기가 되었다. 인터넷을 사용한 오바마의 지지자들은 스스로 자금을 모으기 위해 파티를 열기도 하고, 동호회를 열기도 하는 일이 용이하기도 했다. 지지자들의 활동은 스스로 즐거운 마음으로 활동하였으며, 선거에 필요한 모든 것들을 스스로 자신의 손으로 만들어 냈던 것이다.

세기적인 기적을 만든 오바마 화술

part 06

오바마 화술의
특징

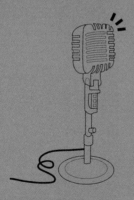

THE GREATEST NARRATIVE SKILL OF
BARAK OBAMA WHICH MAKES A MIRACLE

색깔과 코드를 맞추다

오바마의 화법의 특징은 무엇보다도 국민들의 색깔과 코드에 맞춘 것이다.

펜실베니아 주에서 힐러리의 승리는 싸움이 장기전으로 갈 것으로 예상되었다. 그러나 불행하게도 힐러리는 승리는 했지만 역전의 발판을 마련할 정도로 승리하지는 못했다.

힐러리는 파산하는 중산층을 위해 혼신을 다하는 정치가라는 이미지를 강화하고 최후의 접전을 시작했다. 그에 대항하는 버락 오바마는 힐러리를 지지하는 블루칼라층에 쐐기를 밖아 넣는 작전을 구사했다. 즉 그는 서민층 색깔로 어필했다. 물론 '용기'와 '희망'을 기초로 하는 것을 잊지 않았다.

오바마는 "얼마나 많은 노동자들이 수백만 달러의 보너스를 품에 안고 경영자가 떠나려는 회사에 인생을 바친 뒤 맥도날드의 최저 임금 정도밖에 받지 못하는 직장에서 자기 자신과 어린아이와 살아가기 위해 냉대를 받으며 생활하고 있는가를 힐러리는 알고 있는가?' 하고 중산층의 대변인이라고 자처하는 힐러리에게 공격하였다.

"만약 지난 20년을 되돌아보면 미셸과 나의 생활은 다른 어떤 후보자보다 못한 평균적인 유권자의 생활에 가까웠을 것이다. 학생시절을 되돌리기 위해 노력하기도 하고 어떻게 하면 적절한 보육을 받을 수 있을까 계산하기도 하면서 자기 자신에게 에너지를 충분히 저장했다."

오바마는 자신의 지난날의 불우했던 과거를 회상시키며 자신은 서민층임을 강조하면서 서민층 색깔에 맞추면서 대화도 그들에게 맞도록 노력했다.

오바마는 엘리트주의라는 비판을 바꾸기 위해 서민 색깔로 전면에 나섰으며, 대화 방법도 서민들 코드에 맞추었다.

오바마는 그런 방법의 하나로 자신의 조부모와 부모가 미국에서 어떻게 살아왔는가를 자세하게 설명하였다. 그러면서 낡아빠진 미국을 떠오르게 했다. 마지막으로 지금이야말로 미국을 재생시키지 않으면 안 된다고 역설하였다.

세기적인 기적을 만든 오바마 화술

공동의 적을 만들어냈다

사람들의 동의와 지지를 얻는 방법으로 공동의 적을 만들어내는 방법이 있다. 공동의 적이 있으면 사람들은 단결하기 쉽다. 오바마는 공공의 적으로 '워싱턴을 지배하려는 특수 권익'을 지적했다.

'워싱턴을 지배하려는 특수 권익' 이란 도대체 무엇인지, 구체적으로 누구를 지적하는지 아는 사람은 아무도 없었다. 그러나 공격할 공동의 적을 발견하면 사람은 단결되는 것이다. 그리하여 소위 워싱턴을 지칭하는 특수계층을 제외한 모든 미국국민들이 워싱턴을 지배하려는 특수권익을 공동의 적으로 생각하게 되면서 오바마를 지지하게 되었다.

오바마는 또 '과거' 대 '미래' 라는 이분법 구도를 만들었다. 힐러리는 '과거' 이고 오바마 자신은 '미래' 임을 강조하였다. 오바마는 과거 대 미래의 구도를 확대시키고, 워싱턴의 부패를 알려서 국민들의 기대를 모아

단번에 역전을 목표로 했다.

　반면에 힐러리는 국민 전체를 안전하게 하겠다는 말로 오바마를 공격했지만, 별 효과가 없었기 때문에 결정타가 되지 못했다.

　그러자 힐러리도 "미국을 되돌려 놓겠다."고 역설하고, 특수권익의 지배로부터 워싱턴을 일반 국민들의 손에 돌려놓겠다고 호소했지만 '과거'에 묶여버린 힐러리가 변화를 외쳐도 효과는 희망적이지 못했다.

마음속에 2% 부족한 것을 채워 주려고 하였다

오바마는 자신의 인기에 대해서 기자들 질문에 이렇게 대답했다.

"객관적으로 자신의 어디에 관심을 가질까 이해하는 일은 어렵다. 단지 행운에 의한 부분도 있다."

자신의 인기를 행운이라는 우연에 돌린 오바마의 겸손한 태도에 더 많은 미국인들이 지지하게 되었다.

오바마는 미국 국민들이 변화를 갈망하고 있다고 처음부터 말하였다. 그 변화라는 것은 단순한 정책의 변화가 아니라 가치관과 사상, 그리고 도덕의 변화, 즉 마음의 변화가 필요하다고 오바마는 말한다.

곳곳에서 많은 사람들과 만나서 대화를 나누면서 오바마는 막연한 불안을 느끼고 있는 사람들이 의외로 많다는 것을 피부로 느꼈다. 그것은 고립된 데 대한 불안이었다. 사회의 격변에 적응하지 못하는 불안이었다. 그리고 무엇이라고 확실히 말할 수는 없지만 미국 국민 대다수가 무엇인가 부족한 것을 느끼고 있음을 오바마는 깨달았다.

이럴 때일수록 사람들의 닫아버린 마음의 문을 열지 않으면 안 된다고 오바마는 역설하였다. 사람들의 마음과 정치는 별개가 아닌 하나임을 오바마는 강조한다.

그리고 서로를 배려하는 일, 공동체의 유대를 회복하는 일 그것이 곧 변화라고 오바마는 강조한다. 그리하여 자기 자신은 바로 '변화를 갈망하는 사람들에 의해서 등장했다.' 고 강조한다.

오바마의 등장은 많은 미국 국민들에게 있어서는 아무리 해도 발견되지 않는 조각퍼즐의 마지막을 발견하듯, 마음의 공허함을 채우는 것이었다.

오바마는 사람과 사람이 함께 살아가는 사회 속에서 급속히 잃어버린 배려심을 정치에 의해서 되돌리려고 하고 있다. 바로 그런 마음을 대화를 통해서, 연설을 통해서 국민들에게 주입시키는 데 성공한 것이다.

정열이 넘쳤다

오바마는 지금까지 볼 수 없었던 민중의 소리를 하나의 물결로 통합시키는 데에 성공했다. 그것이 가능했던 것은 물론 인터넷만의 힘이 아니다. 역시 말에 힘이 있었기 때문이다.

힐러리는 이성에 호소했다. 그러나 버락 오바마는 정열로 호소했다.

많은 사람들이 지금까지는 '안 된다'는 막연한 불안을 품고 있으면서도 어떻게 해야 좋을지 알지 못했다. 그럴 때에는 무엇보다도 중요한 것이 희망을 주는 것이다. 불안한 마음이 가득 차 있는데 이성에 호소해 봤자 소용이 없다. 그래서 오바마는 정열로 호소하여 많은 사람들의 불안을 불식시켰던 것이다.

어느 60대의 남성은 "오바마는 무엇을 고려해야 하는지 잘 알고 있다. 이라크 정책에 관해서도 철군을 원하고 있는 미국 국민들의 의사를 이해하고 있다.” 라고 말한다.

오바마와 힐러리와의 대조적인 점은 인간미가 있는지 없는지의 차이라고 말할 수 있다. 오바마는 자신의 출신을 솔직히 말하여 사람들의 친근감을 느끼게 하였고, 그들과 통하는 말을 많이 하였으며, 인간미를 꺼내 보였다.

정치가도 한 사람의 인간이다. 정책은 보지 않고 자신들이 지지하는 대통령이 어떤 사람인가 유권자들은 후보자의 내면을 제대로 알고 싶어 한다. 대통령은 미국의 얼굴이기 때문이다.

오바마는 자신이 갖고 있는 것이 무엇인지 잘 알고 있다. 그리고 사람들이 무엇을 원하고 있는지도 잘 알고 있다.

미국 국민들에게 있어서는 9.11 테러는 공포였다. 그리고 테러에 대한 전쟁에 의해 미국 국민들의 자유는 많이 제한되었으며, 세계 많은 나라로부터 미국을 기피하게 되었다.

또한 서브프라임 문제와 유류 가격의 폭등 등 불확실한 경제상황과 밝은 뉴스라고는 거의 없는 시대에 미국 국민들이 바랄 수 있는 최우선은 무엇이겠는가? 그것은 미래를 곧바로 주시하는 확실한 눈빛이며, 어두운 기분을 몰아내는 밝은 웃음이며, 그리고 불리한 상황에서도 포기하지 않고 열심히 노력하는 강인함과 침착성이 아니겠는가?

오바마의 과거를 보면 성질이 성급한 면도 있다. 현재의 침착성은 자신의 컨트롤에 의해서 생긴 것이다. 그리고 소년과 같은 순수한 얼굴도 엿볼 수 있다. 이러한 여러 가지 인간적인 면이 있기 때문에 사람들이 빨려드는 것이다.

전형적이지 않은 것에 매력이 있다

버락 오바마를 전형적인 타입에 도입시켜 평가해서는 안 된다. 일반적으로 사람들은 잘 모르는 사람에 대해서 어떤 인물인지 판단할 때에는 전형적인 타입에 적용하여 판단한다. 즉 이러한 행동을 하는 사람은 이런 성격의 소유자임에 틀림없다 하고 판단하는 것이다. 특별히 친밀하지 않은 한 무의식적으로 전형적인 타입에 적용시켜서 이해해 버리고 만다. 그렇게 되면 그 순간 흥미는 없어진다.

그런데 오바마에 대해서 적용시킬 전형적인 타입은 거의 발견되지 않았다. 오바마는 흑인이라고 말하려면 반족이 흑인이고, 미국 국민이라고 말하려고 해도 미국 국내만이 아니고 인도네시아에서도 교육을 받았기 때문에 완전히 미국인이라고 부르기에는 무리가 따른다.

사람은 모르는 사람에 대해서 불안을 느낀다. 그래서 모르는 사람을 전형적인 타입에 적용시켜 분별하고 이해하고 싶은 것이다. 그리고는 안심을 한다. 적용할 만한 전형적인 타입이 없으면 가능한 정보를 수집하여 판단하려고 한다. 그리고 그것이 흥미와 관심거리가 된다. 오바마가 주목받는 것도 사람들의 이러한 심층심리가 작용하고 있기 때문이다.

반면에 힐러리는 인간미를 보일 기회가 없었던 것이다. 냉철하고 계산이 빠르다는 나쁜 이미지만 따라붙었고, 이미 좋고 나쁘다는 구분이 확실하게 이루어졌다.

힐러리를 지지한 한 40대의 여성은 "클린턴 시절의 보험 얘기를 할 때부터 힐러리는 사람들로부터 혐오의 대상이 되어 있었다."라고 말하였다.

이것은 곧 힐러리의 스테레오 타입은 처음부터 형성되어 있었다는 의미다. 그 때문에 새로운 흥미와 관심을 불러일으키기에는 어렵다고 하는 단점이 힐러리에게 철석같이 달라붙어 있었던 것이다. 따라서 기존의 나쁜 이미지를 뒤집는다는 것은 매우 불가능한 일이었다. 유세 중에 눈물을 짓기도 하고, 커피메이커와 싸우는 장면도 연출했지만, 그런 인간미가 있는 부분을 좀더 일찍이, 그리고 더 많이 보여주었더라면 표를 더 많이 얻었을지도 모른다.

힐러리는 경험이 풍부하다는 것을 강조하기보다는 인간미가 풍부하다는 것을 보여주었어야 했다. 왜냐하면 미국 국민들은 처음부터 힐러리가 경험이 풍부하다는 것을 알고 있었기 때문이다.

힐러리에게 가장 필요한 것은 오바마에 대한 네거티브 공격이 아니라 두려워하지 말고 과감하게 기존의 셀프 이미지를 때려 부스는 용기였다.

한편 오바마는 네거티브 공격을 하지 않고 그 대신 꿈과 희망, 변화라고 하는 포시티브한 말로 사람들을 매료시켰다. 사람들이 가지고 있는 불안을 조합해서 그것을 타파시키는 강력한 말의 힘을 발휘하는 것이야말로 오바마의 진면목이다. 그 말의 힘과 인간미의 연출이 미국을 변화시키려고 열망하는 정치가 오바마의 이미지를 만들어 냈던 것이다. 내정이나 외교든 오바마는 무엇이나 반드시 뭔가를 해낼 것이다. 그렇게 생각하도록 만드는 것이 오바마의 최대의 승리의 요인이었다.

part 07

오바마의 **카리스마,**
그 비밀과 비결

THE GREATEST NARRATIVE SKILL OF
BARAK OBAMA WHICH MAKES A MIRACLE

다양성을 갖추었다

세상에는 한 번 봐서 잊을 수 없는 사람이 있다. 또 많은 사람들 중에 첫 눈에 바로 띄는 사람이 있다. 이것은 이유가 무엇일까?

한 마디로 말해서 첫 눈에 바로 띄는 사람에게는 카리스마가 있었기 때 문이다.

또 카리스마가 있는 사람과 카리스마가 없는 사람이 있다. 그 차이는 어 디에서 오는 것일까?

카리스마란 원래 그리스어로 일반 대중의 열렬한 지지와 끊임없는 후원 을 받는 정신력을 의미한다.

오바마는 강렬한 카리스마를 가졌다. 누구나 그렇지만 오바마 역시 태 어날 때부터 가지고 있지는 않았다. 그러면 오바마는 어떻게 해서 카리스 마를 지니게 되었을까?

그 유래를 찾다보면 카리스마를 지닌 사람과 카리스마를 갖지 않은 사람과의 차이를 알 수 있을 것이다.

'아버지는 유학생으로 캐냐의 작은 마을에서 태어나서 자라났다.'

'이곳 미국에서 공부할 때에 아버지는 어머니를 만났다.'

'어머니는 세계에서 가장 끝자락인 캔자스 태생이다.'

이것은 오바마 부모에 대한 간략한 이력서이다. 그런데 이것이 가치관으로 변하여 오바마의 마음속에 가득 차 있었던 것이다.

오바마의 어머니는 중류 계층의 백인이고, 아버지는 캐냐에서 온 흑인 유학생이다. 이 두 사람은 같은 대학을 다니다가 만난 이른 바 '캠퍼스 커플'이었다.

당시 여러 주에서는 아직 백인과 흑인의 결혼을 법적으로 허락하지 않았으며, 흑인에 대한 편견이 매우 심한 때였다. 그 후 오바마의 아버지는 어린 오바마를 오바마의 어머니와 함께 하와이에 남겨두고 그곳을 떠나 하바드 대학에 진학하였다. 결국 두 사람은 이혼을 하였다.

그 후 소년 오바마가 그의 아버지를 만난 것은 오바마가 10세 때였다. 그런데 그것이 오바마가 아버지를 만나게 된 마지막이었다.

어머니는 이혼 후 버락과 같은 학교인 하와이 대학에서 만난 인도네시아 청년 토토와 재혼, 오바마를 데리고 인도네시아로 이주했다.

오바마는 의붓아버지로부터 인도네시아의 습관과 이슬람 전통 등 많은 것을 배웠다.

이와 같이 오바마는 여러 가지 다양한 가족들로 이루어지면서 또한 이곳저곳으로 돌아다니면서 생활하면서 다양한 문화와 가치관을 형성하게 되었다. 이것은 굉장히 중요한 경험을 하게 된 것이다.

자신이 누구인지 묻고 마음을 고쳐먹고 하는 것은 남을 알기 위함도 있다. 더구나 바로 앞에 모이는 자신과 남과의 관계를 재인식하는 것이다. 당연하다고 생각하고 있던 것을 사실은 당연하지 않다고 인식하는 것은 의식의 혁명이다.

그러면 지금까지 편견에 묻혀서 볼 수 없었던 것이 보이는 것이다. 다양성은 편견을 깨는 열쇠이다. 그리고 공감하는 능력도 가져온다.

공감하는 능력이라면 사람들이 어떤 불만을 가지고 있는 지 아는 힘이다. 고민을 누구인가가 알아주기를 원하는 사람들의 기분을 간파하는 자질이다. 오바마가 존경하는 프랭클린 루즈벨트 대통령은 유복한 가정에서 아무런 구애 없이 자란 엘리트 중에 엘리트이다.

그러나 소아마비를 앓고 거의 하반신 불구가 되고 루즈벨트는 은혜 받지 못한 사람들의 경우에 공감하는 마음을 갖게 되었다.

오바마는 많은 사람들의 소리를 대변하고 있다. 그것은 청중의 의식을 변화시켰다. 한 사람 한 사람의 청중이 제각각 마음속으로 그 것이 맞는 말이야. 정말 그렇다고 쾌재를 부른다. 오바마의 소리는 오바마만의 소리가 아니고 청중 자신들의 마음에서 울어나는 소리였다. 그리하여 더욱이 많은 사람들은 소리 없이 오바마가 가지고 있는 카리스마에 끌리게 되었다.

오바마의 카리스마의 비밀은 다양성에서 많은 사람들로부터 공감을 끌어내었던 것이다.

청중과 일체가 되는
이야기를 했다

카리스마를 가진 사람은 반드시 독창적인 이야기를 가지고 있다. 물론 독창적인 이야기를 가지고 있다는 것이 교만하다는 말은 아니다. 가능하면 많은 사람들에게 자신이 어떠한 인물인지 전달하는 이야기이다. 사람들이 정말 알고 싶어 하는 것은 사고방식과 의견만이 아니라 그 배후에 있는 '이웃' 이다.

카리스마를 가진 사람은 대중을 향해서 어릴 때 느낀 새콤달콤한 생각과 청춘 시절의 알 수 없는 집착, 참을 수 없었던 고독감 등을 말하는 것이다. 아주 친한 사람들을 향해 말하는 것처럼. 자신 마음속을 청중에게 오픈하는 것은 필요하다.

그러나 아무거나 오픈해서는 안 된다. 오픈하면서도 무엇을 오픈하면 좋은지 무엇을 오픈하면 안 되는 지 신중한 자기 컨트롤이 필요하다.

오픈할 때에는 보다 자기 컨트롤이 중요한 것이다. 더욱 중요한 것은 이야기 전개 방식이다. 스스로 생각한 이야기를 할 때에 거기에 맞는 이야기를 효과적으로 조합해야 한다. 오바마는 특히 인종 문제에 관해서는 신중하게 생각하고 말했다.

예를 들어 오바마는 TV 프로그램에서 "3~4년 전까지도 레스토랑 앞에서 차를 기다리고 있으면 나에게 자기 차를 건네려는 사람이 많이 있었다."라고 말했다. 인종적인 편견과 직업의 기회 불균등이 아직도 있다는 것을 우회적으로 표시한 일화이다.

이 이야기를 통해서 알 수 있는 것은 흑인은 자기 자식도 같은 취급을 받은 경험이 있다고 생각할지도 모르지만 백인 중에서는 흑인에 대해 같은 취급을 했다고 생각하는 사람이 많이 있을지도 모른다는 것이다.

인종적인 편견과 직업의 기회 불균등이 있다고 확실하게 말하는 것보다도 이런 우회적인 화법이 사람들의 공감을 얻는 강력한 말이다. 이런 위트 있는 이야기는 적절한 상황을 이용하면 효과적인 무기가 된다.

여기서 잊어서는 안 될 것은 오바마는 자신의 이야기뿐만 아니라 많은 사람들의 이야기도 채용한다는 것이다. 왜냐면 대중의 지지를 받기 위해서는 소리 없는 많은 사람들의 소리를 대변한다고 하는 역할을 완수하지 않으면 안 되기 때문이다.

연설 중에서 오바마는 집회에 찾아온 105세 할머니의 이야기를 했다. 할머니의 인생을 통해서 마치 자신이 보고 들어온 것처럼 미국의 역사를 이야기했다. 이러한 이야기를 사용하는 수법은 사람들의 일체감을 높인다. 청중은 105세의 할머니를 자기 자신의 할머니, 증조할머니라 생각하고 자기 나라의 역사를 체험한다.

오바마의 소리를 통해서 사람들은 자신들의 역사를 체험하고 일체감이 되는 것이다. 청중이 일체감이 되는 이야기를 뽑아내는 것이 오바마의 카리스마 비밀이다.

새로운 가치관을 만들어 내었다

오바마의 카리스마의 비밀의 또 하나는 새로운 가치관을 만들어 내었다는 것이다.

미국에서 가장 중요한 가치관은 '자유' 이다. 지금부터 대략 230년 전 미국은 구세계의 속박에서 벗어나 자유의 신천지로 탄생했다. 그 이후 한상 진전된 자유를 탐구해 온 것이 미국의 역사라고 말할 수 있다. 독립혁명의 시대에 많은 미국인들의 혼을 불러온 '나에게 자유를 달라. 그렇지 않으면 죽음을' 이라고 말한 정치가 패트릭 핸리의 말은 미국의 핵심적인 정신을 나타내는 대표적인 명언이 되었다.

자유란 무엇인가? 이 물음에 모든 사람들이 납득할 수 있는 대답을 할 수 있는 사람은 없다. 그러나 미국은 제 2차 세계 대전을 '자유의 등불을 파시즘의 위협으로부터 지키는 전쟁이었다.' 라고 선언했다. 자유라고 하는 공동의 대의 아래 미국 국민은 일치단결한 것이다. 더욱이 냉전 하에서는 공산주의에 대항하고 미국은 자유의 나라이기 때문에 절대적인 정의라고 하는 생각이 확신되어 갔다. 그러나 베트남 전쟁에서의 패배에 의해 미국의 위신은 크게 실추되었다. 자유의 나라 미국은 절대적 정의인가 국민은 의심을 품게 된 것이다.

냉전이 끝나고 미국은 대항할 상대를 잃어버렸다. 더욱이 9.11로 인하여 지금까지의 당연하다고 생각해 왔던 것들이 뿌리째 뒤집어졌다.

미국은 세계에서 이민을 받아들이기 때문에 상당히 다종다양한 사람들로 구성된 나라이다. 섣불리 잘못하면 미국은 위태로워질지도 모른다. 그런 사람들을 결집시킨 이념이 필요하다. 그 것이 바로 보편적인 자유이다.

자유의 나라 미국 역사는 미국 국민 모두가 신봉하는 것은 자유이다. 그러나 지금 미국에서는 보편적 자유가 실종되고 있다.

임산부가 중절을 선택하는 자유, 태아의 생명을 수호하는 자유, 동성애를 인정하는 자유, 그리고 이성애만 인정하는 자유가 미국에서 크게 소용돌이치고 있다. 특히 중절 문제는 현재 임산부가 중절을 선택할 자유가 있다고 프로 죠이스 파와 태아 생명을 수호할 자유가 있다고 주장하는 프로 라이프 파가 격하게 대립하고 있는 상황이다.

지금까지 중절 문제는 각주의 판단에 맡겨 왔지만 1960년대 후반부터

1970년대에 걸쳐서 프로 죠이스 파와 프로 라이프 파 제각기 전국 조직이 결성된 후 대립이 점점 심화되었다. 중절은 신앙에 관계된 문제이다. 미국인의 대부분은 한국 국민 못지 않게 신앙을 중시하고 있다. 더욱이 중절을 법률로 금지할지 어떻게 할지는 정부가 어느 정도까지 개인의 자유를 규제할 수 있다는 문제를 품고 있다.

그 때문에 중절은 정치 문제인 것이다. 미국의 정치가에 있어서 중절 문제는 당연히 현재 기독교인지 아닌지 식별하기 위한 기준이 되었다.

오바마는 프로 죠이스 파를 지지하고 있지만 도덕은 중시해야 한다고 표명하고 있다. 이와 같이 본래 미국 국민이 국민의 공통의 기반이었던 자유가 미국 국민 간에 분단을 만들고 있다. 미국은 새로운 보편적 가치관을 창조하지 않으면 안 된다.

다양성을 자신의 마음속에 갖고 있는 오바마는 많은 사람들로부터 새로운 보편적 가치관을 창조하는 역할을 부여받았고, 많은 사람들이 오바마가 그런 역할을 하기를 기다리고 있다.

"미국이 또 자기 자신들 것이 되듯 기분 내고 있다."

이것은 1933년에 루즈벨트가 대통령으로 처음으로 국민을 향해서 연설했을 때 그것을 청취한 여성이 말한 것이다.

이와 같은 역사에서 오바마는 극히 보통 사람들의 손에 다시 미국을 되돌려 놓는 것을 국민으로부터 부름 받은 것이다.

오바마 지지자에 의해 오바마는 잃어버린 공통의 기반을 되돌려 놓고 새로운 계약 아래 분열된 미국을 재생하는 가능성을 숨긴 존재가 되었다. 그러한 사람들의 생각이 오바마에게 에너지를 가져다주는 것이다. 뿔뿔이 흩어버린 사람들을 재통합하는 새로운 가치관을 창조하는 것이 오바마의 카리스마 비밀이다.

04 멈출 줄 모르는 진취성

버락 오바마는 아메리칸 드림을 상징하는 인물이다.

'내일은 반드시 오늘보다 잘 된다. 그리고 그 다음날은 다음날보다 더 근사할 것임에 틀림없다. 때문에 두려워 말고 앞으로 전진하라.'

오바마가 아메리칸 드림을 내 것으로 만든 것은 이러한 전향적인 신념이 있기 때문이다. 게다가 특별히 혜택받은 가정에서 태어난 것도 아니고 청춘기에 극히 보통사람이 가진 고민을 똑같이 갖고 있으면서도 오바마는 대성한 것이다.

오바마가 성공한 것은 어느 누구라도 아메리칸 드림이 가능하다는 것을 나타내는 증거이다. 왜냐하면 자신도 무엇이 될지도 알 수 없다고 하는 희망의 근원이 되었다. 오바마가 성공하는 모습은 장래의 자신의 성공하는 모습이기도 하다.

"무엇인가를 변화시킨다." 변화시킨다고 생각하면 정말로 변화한다는 이상이 오바마에게는 있다. 다만 일상생활에 매몰되어 있는 사람들은 무엇을 변화시킬 필요가 있는지 알지 못한다. 또 오바마가 무엇을 변화시키려 하고 있는지 아는 사람은 아무도 없다.

그러나 오바마가 뭔가를 변화시키려고 하는 것을 모든 사람이 알고 있다. 그런 이미지도 중요하다. 사람은 타인을 완전히 이해할 수는 없다. 무심코 이미지로 타인을 판단한다. 오바마는 무엇인가를 변화시키려 하고 있다. 많은 사람들이 그렇게 느끼는 것이 중요하다. "마음이 결정되면 어떤 것이라도 우리 미국인은 할 수 있다."라고 할아버지가 가르쳐 줬다고 오바마는 말하였다. 이것은 오바마의 전향적인 신념을 나타내고 있다. 오바마에 있어서 그것이야말로 미국의 정신인 것이다. 오바마는 사람들이 원하는 이미지를 민감하게 알아차리고 있다. 미국 주민이 정치에 폐쇄감을 가지고 무엇인가 새로운 길을 원하고 있다는 것을 이미 느끼고 알고 있었다.

오바마는 경험이 적은 것을 바꿔서 오히려 플러스로 전환시켰다. 중앙 정계에서의 경험이 아직 적은 것은 그만큼 지금까지의 정치와는 연관이 없다는 것이다.

오바마는 경험 대신 가능성을 제시했다. 지금까지와는 다른 새로운 형태의 정치를 오바마는 제시하고 있다. 그것은 가능성을 가진 힘이다.

오바마에게 젊음과 경험이 짧은 것은 문제가 되지 않는다. 경험이 풍부하다는 것은 좋은 일이지만, 경험은 때때로 스스로 종종 새로운 것에 도전하려는 도전 정신을 위축시키기도 한다. 지금 많은 사람들이 필요로 하는 것은 도전 정신이다. 이제 지금까지의 발상으로는 해결이 불가능하다는 사회문제도 해결할 수 있는 기회가 온 것이다.

혁신주의이든 보수주의이든 또는 중도주의이든 양식 있는 해결책을 오바마는 제창하고 있다.

오바마는 레벨을 붙이는 것을 거부하고 어떤 주의나 속박에서 벗어나, 지금까지의 길을 가지 않고 새로운 길을 개척하려 하고 있다. 그것을 많은 사람들이 갈망하고 있다는 것을 오바마는 알고 있다. 멈출 줄 모르는 진취성에서 반드시 무엇인가 바뀔 것이라고 하는 기대감을 사람들에게 부여해주는 것이 오바마의 카리스마의 또 하나의 비밀이다.

체념을 용기로
바꾸는 힘

인간은 누구라도 실패할 수 있다. 버락 오바마도 예외는 아니다. 사람은 실패하면서 배워 가는 것이다. 다만 실패하고 체념해 버리는 것과 실패한 후에 그 경험을 다음에 활용하는 것과는 전혀 다르다.

왜 실패하는 것일까, 그리고 다시 실패하지 않기 위해서는 어떻게 하면 좋을까 하는, 생각하는 힘이 오바마에게는 있었던 것이다.

오바마가 정치가를 목표로 하게 된 전기가 된 것은 커뮤니티 워크나이자였다. 커뮤니티 워크나이자는 지역 문제를 해결하기 위해 조직한 단체이다. 24세부터 27세까지 오바마는 가난한 흑인들 속에 들어가서 그들의 생활을 개선하려고 노력하였다.

오바마는 흑인 아버지와 헤어진 후 인도네시아 출신의 계부, 백인 어머니 조부모에게 길러진 오바마에게 있어서 흑인들 속에서 생활하는 일은 힘들었지만, 그에게 처음 겪는 경험이었다.

오바마는 처음부터 주민을 훌륭하게 통합시킬 수 있었을까?

아니다. 사실 처음에는 능숙치 않았다. 많은 사람들은 우선 자신이 할 일이 눈앞에 있는지 없는지 그것만 걱정할 뿐이었다. 그것은 곧 자신의 생계와 직결되기 때문이다. 그런 사람들에게 이제 마을 전체를 좋게 만들자고 외쳐 봤자 소용이 없었다.

유능한 사람도 처음부터 일을 잘했다고 말할 수 없다.

마을에는 직업이 없는 사람들이 넘치고, 범죄가 횡횡하고, 주택은 거의 보수할 수 없을 정도로 낡아빠진 것들뿐인 상황에서 커뮤니티는 거의 붕괴 직전이었다.

어떻게 하면 좋을까? 오바마는 무엇부터 했을까?

오바마는 우선 마을 사람들의 말을 듣는 것부터 시작했다. 피곤해 지쳐 있는 사람들의 마음을 움직이는 무엇인가를 움켜잡고자 먼저 여러 사람들의 말에 귀부터 기울였다. 그러나 그때까지도 일이 원만하게 돌아가지 않았다. 집회를 열어도 사람들이 모이지 않았다. 이제 그만두라고 하는 사람도 있었다.

그 때 오바마는 어떻게 했을까?

오바마는 더욱 간절히 말했다. 함께 협력하여 합쳐서 목표를 달성하자고, 다시 한 번 해보자고 호소하였다. 오바마의 열성과 간절한 호소로 마을 사람들은 이제 해보자는 분위기로 바뀌게 되었다.

푸념과 불만은 누구나 할 수 있다. 그러나 그런 불만과 푸념으로는 앞으로 나아갈 수가 없는 것이다. 푸념과 불만은 나눠가져도 의미가 없는 것이다. 푸념과 불만을 말하는 대신 오바마는 동료들에게 용기를 심어주었다.

오바마가 훌륭한 것은 체념을 용기로 바꾸는 힘을 가진 것이다. 그러는 동안에 오바마는 하나의 사실을 발견했는데, 즉 행정이 미비하다는 사실이었다.

직업훈련 센터가 필요한데 붕괴된 커뮤니티에는 없었던 것이다. 오바마는 따라서 직업훈련 센터를 건립하는 것을 목표로 하여 그것을 행정에 옮길 수 있도록 노력하였다. 그리하여 오바마는 집회를 열고, 사람들에게 목표를 전하고 협력을 구했으며, 목표가 드디어 사람들의 희망 속에서 이루어졌다. 직업훈련 센터가 많은 사람들의 노력에 의해서 달성되었던 것이다. 직업훈련 센터의 설립이 많은 사람들의 생각을 바꾸게 하였다.

정치에 포기한 사람들은 희망을 버리지 않고 소리 높여 정치도 바꿀 수 있다는 생각으로 마음이 바뀐 것이다. 오바마는 자신이 변하면 정치도 바꿀 수 있다는 신념을 배웠다. 체념을 용기로 바꾸었고, 사람의 마음을 움직이는 목표를 제시하는 것이 오바마의 카리스마의 또 하나의 비밀이었다.

구세주의 이미지를 만들다

2004년 민주당 전당대회의 기조연설의 주제는 '우리들은 하나의 국민이다. 우리들은 모두 성조기에 충성을 맹세한다. 미합중국을 지키는 것이다.' 이었다.

"나는 지금 여기 있다. 계승한 다양함을 걸고 그리고 느낀다. 나의 양친의 꿈이 우리 귀여운 두 딸의 마음속에서 숨을 쉬고 있는 것은…."

"나는 여기에 있고, 나의 이야기가 보다 큰 미국의 이야기의 일부인 것을 알고, 그리고 그것은 나에게 앞선 모든 사람들의 덕분이기도 하고, 나의 이야기가 실현되는 것은 지구상에서 당연히 다르지 않은 미국이라고 하는 나라에 있어서 오로지 있는 것을 알고 있다."

"흑인의 미국, 백인의 미국, 히스페닉계의 미국, 아시아계의 미국은 존재하지 않는다. 있는 것은 다만 미국합중국이다."

‘우리들은 하나의 국민’ 이라는 연설은 2004년 7월 8일 민주당 전당대회에서 오바마가 한 연설의 주제이다. 오바마는 이 연설로 일약 영웅이 되었다.

오바마는 가족 이야기를 통해서 미국 국민이 품은 꿈을 말하고 있다. 그리고 오바마 자신의 이야기를 통해서 아메리칸 드림이 현실이 된다는 것을, 국민의 꿈을 되돌리려는 것을 호소하고 있다.

더욱이 오바마는 만난 사람들의 이야기를 교묘하게 연설에 인용하고 있다.

공장이 해외로 옮겨져서 직장을 잃은 노동자의 이야기부터 어린아이의 병을 치료하기 위해 월 4,500 달러의 돈을 염출하지 않으면 안 되는 막연한 사람의 부모 이야기, 그리고 우수한 성적을 거두면서 대학의 진학을 포기해야 하는 돈이 없는 학생의 이야기에 이르기까지 그 많은 이야기 속에는 분명 청중에게 있어서 무엇인가 공감하는 이야기가 있을 것이다. 마치 자신의 일처럼 말이다.

사실은 ‘마치 자신의 일처럼 느끼는 것이 매우 중요한 것이다.

미국 국민의 개인주의적인 행위가 타인에게는 무관심의 온상이 되기도 했다.

개인주의는 경쟁을 낳는다. 그것이 공정한 경쟁이면 좋은 결과를 가져온다. 그러나 처음부터 큰 차이가 벌어져 있다면 어떻게 될까?

경쟁을 처음부터 완전히 포기하는 사람들이 많이 나온다. 그리고 인간의 긍지를 잃을지도 모른다.

경쟁을 공정하게 하기 위해서는 기회의 균등이 필요하다.

오바마는 어린이들이 보다 좋은 미래를 자력으로 쌓아갈 수 있도록 기회의 배려가 모든 사람들에게 열려 있어야 한다고 주장하고 있다.

뿔뿔이 흩어진 미국인은 무슨 일이든 함께 할 반려자를, 다시 결집시켜 줄 구세주를 구하고 있다. 그 생각을 오바마는 대변하고 있는 것이다. 많은 사람들이 오바마의 말에 꿈과 희망을 품는다.

미국 재생을 위한 오바마의 복음은 정부와 국민만이 아니라 국민들을 어떻게 결집시키게 하는가 하는 새로운 계약이 되었다.

오바마의 다양성은 사람들을 재집결시키는 중요한 자극제이다. 오바마는 부여해준 큰 부채를 충분히 활용했다.

왜 그것이 가능했을까?

그것은 오바마가 사람들이 막연하게 느끼고 있는 불안을 알아차리고 그것을 솔직하게 말했기 때문이다.

정치가는 자신의 생각을 말해서는 안 된다. 사람들이 기다리고 바라는 이야기를 하지 않으면 안 된다.

강한 신념이 있어도, 어떤 강력한 말을 할지라도 그것이 사람들의 마음 속에 깔려 있는 무엇인가 합치되지 않으면, 아무런 의미가 없다.

오바마의 카리스마의 비밀은 사람들의 마음을 대변하는 것으로, 그리고 사람들에게 꿈과 희망을 주는 구세주라고 하는 이미지를 만든 것에 있다. 그런 이미지가 그에게 성공을 가져다준 것이다.

part 08

CEO가
활용할 수 있는
오바마의 화술

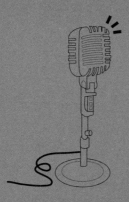

THE GREATEST NARRATIVE SKILL OF
BARAK OBAMA WHICH MAKES A MIRACLE

청중들의 흥미에
초점을 맞추어라

버락 오바마는 실제 여러 가지로 연설을 많이 할 기회가 많았다. 수백 명의 규모의 지방 집회에서부터 수만 명 규모의 전국 전당대회에 이르기까지 그 집회마다 각양각색의 사람들이 모였다. 그 중에는 오바마를 지지하는 사람들도 물론 있었고, 또 극렬히 반대하는 사람들도 있었다.

연설은 어떤 사람들로부터 초청을 받았는가, 즉 주최자가 누구인가 하는 데서부터 생각해야 한다.

지방 집회에서 말할 기회 외에도 여성들의 사회 진출을 추진하는 단체와 마이너리티의 권리를 확보하고자 모이는 집회 등 여러 단체들로부터 초청을 받는다.

초대를 받으면 그 단체의 주의나 주장을 확실히 파악할 필요가 있다. 만일 연설 도중에 그 단체의 주의나 주장에 반하는 것을 말해버리면 지지를 잃고 만다. 더욱 더 어느 주, 어느 지역에서 연설을 할 때에도 그 지역이나 주의 특성에 대해서 주의하지 않으면 안 된다.

거의 백인만 거주하는 곳도 있고, 흑인과 히스패닉계가 압도적으로 많은 주도 있다. 또 소득이 높은 층이 모여 사는 곳이 있는가 하면, 소득이 낮은 층이 있는 곳도 있다. 여러 가지 지방의 특색을 파악할 필요가 있다.

이것은 비즈니스에서도 똑같이 적용할 수 있다.

그 연설이 누구를 대상으로 한 메시지인지 항상 고려해야 한다.

입장이 달라도 흥미를 느끼는 것은 거의가 대동소이하다.

예를 들어 경영자가 주주를 위해서 연설을 하면 주주들이 가장 흥미를 갖고 있는 사업의 성장성에 대해서 말해야 하고, 매니저들을 교육하는 세미나에서나 팀의 멤버에 대해서 이야기를 해야 한다면 팀의 방향과 실무적인 요구에 시간을 많이 활용해서 이야기하는 것이 좋을 것이다.

청중의 초점을 맞추는 것이 공동의 포인트이다.

정치적인 현실에 관해서 말을 하려면 히스패닉계가 많은 곳에서 이민의 보호에 관해 말을 하면 효과가 없을 것이다.

어떤 화제를 선택하든 최대한의 효과를 얻기 위해서는 그 지역의 특색과 청중들이 바라는 것이 무엇인가를 알아보면 스스로 해결될 것이다.

사람의 수가 많고 적음에 따라 차이를 둔다

사람 수가 적을 경우 오바마는 마치 친한 사람에게 말하듯한 기분을 느끼게 이야기한다. 그리하여 청중들은 오바마에게 친근감을 느낀다.

물리적인 거리가 가까우면 가까울수록 청중들은 당연히 열기를 직접적으로 느끼게 된다.

사원들이 식사를 하고 있는 식당에 돌연히 사장이 나타난다면 사원들은 상당히 긴장할 것이다. 그러나 이런 경우에도 사장이 먼저 친절하게 말을 건네면 사원들은 사장의 인품을 믿고 친근감을 갖게 될 것이다.

이와 반대로 가까운 거리에서 비즈니스 이야기를 한다면 내용이 어떻든 사원들은 대부분의 경우 긴장을 하고 듣고 있을 것이다.

사람의 수가 많은 경우 청중이 열광하기 시작하면 그것은 무서운 에너지가 된다. 그러나 사람의 수가 적을 경우와 달리 많을 경우에는 분위기를 끌어올리는 데에는 연사는 그만큼 힘이 든다. 물리적인 거리가 먼 경우에는 열기를 직접 전달하기에는 더욱더 어렵게 되는 것이다. 그 때문에 청중이 많이 모이는 곳에서 초대받아 연설의 기회를 갖는다면 누구나 알 수 있듯이 연사들은 클라이맥스를 만들기도 하고, 가능하다면 많은 청중들이 공감할 수 있도록 한다.

화제도 될 수 있는 대로 많은 사람들이 공감할 수 있는 내용을 선택한다. "분단되어 있는 미국을 하나로 만들자."라고 하는 오바마의 테마는 많은 사람들이 공감할 수 있는 가장 좋은 테마이다.

이런 연설을 하면 청중들에 열기가 생기는 것이다. 그러면 다른 청중에게로 열기가 옮겨져 점차 청중 모두에게 열기가 전해진다.

모닥불을 필 때에 갑자기 큰 장작을 놓으면 타지 않는다. 큰 장작을 놓기 위해서는 신문지를 태우기도 하고 작은 가지를 갖다 놓아 불을 붙이기도 하면서 서서히 불을 피워가는 지혜가 필요하다. 마찬가지로 많은 청중에게 열기를 전달하는 데에는 그 만큼 지혜와 연구가 필요한 것이다.

오바마는 이런 지혜가 풍부하여 가는 곳곳마다 많은 청중들에게 열기를 전할 수 있었다.

지나치게 넓지도 않으면서 지나치게 좁지도 않은 장소를 택한다

이 주제에 대해서 비즈니스 경우에 해당하는 실제의 예를 몇 가지 들어 설명하고자 한다.

사장이 사원들에게 훈계나 메시지를 전달하고자 할 때에 가장 신경 써야 할 부분은 회의실의 자리 배치이다. 적어도 사장이 전 사원들의 얼굴을 볼 수 있도록 해야 한다. 또 특수한 경우에 한해서 사원 간에도 서로 모습을 볼 수 있게 하는 경우도 있다. 전하고 싶은 것을 그 즉시 전하려고 하여도 얼굴이 보이지 않는 상태에서는 제대로 의사가 전달되지 않는 수 가 있기 때문이다.

물리적 거리가 있는 경우도 이와 같은 현상이 일어나기 쉽다. 실제로 얼굴이 보이지 않는 경우, 예를 들어서 기둥의 그림자로 얼굴이 가려져 있는 사원에게는 메시지를 전달하려고 하더라도 전달한 느낌이 들지 않을 수가 있다.

다음은 회의장소가 넓은 경우이다.

장소가 지나치게 넓으면 열기가 전해지지 않는다. 드넓은 장소에 소수의 사람이 모여 있으면 친근감마저도 느끼지 않아 설렁한 느낌이 긴장감을 없게 한다.

이와 반대로 지나치게 좁으면 사람이 넘쳐 일종의 스트레스를 받게 되고 집중력이 떨어지게 된다.

극단적인 것을 말하면 인기가 있는 록 뮤지션의 라이브 무대에 팬이 몰려든 상태를 상상해 보면 알 수 있다.

조명은 적당한 정도의 밝기가 필요하다. 오피스와 호텔 등의 일반적인 시설로 되어 있는 조명을 최대한으로 밝게 해도 지나치게 밝다는 인상은 주지 않을 것이다.

특히 주의가 필요한 것은 너무 어두운 것이다. 지나치게 어두우면 졸음이 오고 듣는 사람의 주의를 끌어내서 그것을 계속 유지하기가 어렵게 되는 것이다.

어떤 프로젝트를 맡아서 프레젠테이션을 할 경우도 최근의 기계는 그다지 조명을 어둡게 하지 않아도 잘 보이도록 설계가 되어 있기 때문에 스크린 주변에만 약간의 조명만 쏘면 듣는 사람의 위치는 밝게 보이고, 장소의 분위기는 그대로 유지되는 설비가 있기 때문에 편리하다.

상황에 따라 구분해서 사용한다

회의장의 선정, 그것은 상황에 따라 구분하여 사용해야 한다.

사장이나 상사가 사원을 칭찬할 경우나 사원을 질책하는 경우에는 개인적으로 사용하는 사무실로 불러서 일대일로 하는 것이 적합한 방법이라고 모두들 생각하고 있다. 그러나 앞서의 경우에도 전 사원의 모이는 회의나 조례 등에서 하는 것이 좋다고 생각한다. 왜냐하면 그 사원의 사기를 북돋아주고 이로 인해서 전 사원의 경쟁심리도 유발하게 되며, 칭찬받는 사원은 물론 회의장의 열기는 사원 전체의 동기를 유발시키는 효과가 있기 때문이다.

또 포상식이라고 하는 공식적인 형식을 취하면 더욱 특별한 느낌이 들기 때문에 분발해서 파이팅 하는 데에도 효과적이다. 그리고 여기까지는 모두들 예상하고 있으나 만일 회의실 테이블에 카페트를 깔기도 하고 풍선이나 색종이를 이용해서 장식을 하기도 한다면 더욱 화려한 분위기를 연출하여 효과를 극대화할 수 있을 것이다.

　대기업에서 근무 경험이 있는 사람은 알 수 있을 것으로 생각하지만, 사장이나 연사가 말하고자 하는 내용이 잘 전달되도록 애를 쓰고 노력하지만 참가하는 사람의 수가 지나치게 많으면 아무래도 말하는 사람의 열기가 전달되기 어렵게 되는 것이다. 회의실에 30명이 모인다고 하는 상황과 큰 홀에 300명이 모이는 상황은 다르다. 또는 모이는 사람의 수가 더 많아지면 한 곳에 전부 모일 수가 없어서 다른 장소를 이용하거나 분산하여 별도의 장소에서 영상으로 볼 수밖에 없는 경우도 생긴다.

　오바마의 전당대회의 연설 모습은 영상으로 보면 수만 명의 지지자들이 모여 있는 것을 알 수 있는데, 대부분의 사람들이 영상으로 보면서 그 장소의 열기를 느꼈을 것으로 예상된다. 리얼타임에 눈앞에서 오바마가 호소하고 있기 때문에 전달되기 쉬운 면도 있지만, 역시 중요한 내용이 있으면 있을수록 직접 한 사람 한 사람을 붙잡고 정확하게 정열적으로 전달하고 싶었을 것이다.

세기적인 기적을 만든 오바마 화술

복장도 공식과 비공식을 구분하다

대통령이 되려고 뜻을 품은 사람에게는 물론 복장도 중요하다. 그것은 이미지를 좌우하기 때문이다.

또한 대통령의 행동은 공식과 비공식으로 구분할 필요가 있다. 사람들과 접촉할 기회가 많은 때 공식적인 복장만으로 대하는 것은 오히려 역효과가 있다. 접근하기 어렵다는 느낌을 주기 때문이다. 그러나 사람들은 언제나 주시하고 있기 때문에 완전 자유스러운 스타일은 금물이다.

오바마는 중요한 연설을 할 때는 검정 셔츠에 넥타이를 단단히 맨 정장 스타일이지만, 사람들과 직접 접촉할 기회가 많을 때에는 와이셔츠에 넥타이를 매지 않은 간편한 차림이다.

오바마는 장소에 따라 대화법도 달리했다. 게다가 오바마의 매력을 느낄 수 있는 것은 안정된 체형이다. 정확한 수치는 외국인인 필자로서 알 수 없지만, 오바마의 신장은 190㎝ 정도인 것으로 추측된다. 케네디는 184㎝이니까 케네디보다 조금 크다.

알려진 바에 의하면 오바마는 하루에 4.8㎞ 달리고, 일요일에는 단식을 한 적도 있다고 한다. 미국에서는 자신의 체형을 표준 체형으로 유지시키는 것이야말로 자기관리의 일환이기 때문에 체형도 이미지 관리에 중요한 포인트이다.

세기적인 기적을 만든 오바마 화술

첫인상의 3대 포인트
구두, 가방 그리고 시계

시중에는 사람을 만났을 때 단 몇 초 안에 사람을 판단해 버리는, 심리학적인 서적이 많이 나와 있다. 그 책에 의하면 첫 번째 인상이 상당히 중요하다. 실제 누구나 첫 번째 인상이 중요하며, 첫 번째 인상을 볼 때 복장에 시선이 가는 경우가 많은데, 처음 사람을 만났을 때, "처음 뵙겠습니다."하고 인사를 한 후 몇 초 안에 사람을 판단해 버린다.

남성의 경우 몸에 부착되어 있거나 소지하고 있는 물품 중에서 눈에 띄는 3대 포인트는 구두와 가방, 그리고 시계라고 할 수 있다.

고가인 상품을 판매하는 세일즈맨이 낡아빠진 구두를 신었거나 찢어진 가방, 부서진 시계를 착용하고 고객을 만난다면, 그 고객은 사겠다고 생각하고 왔던 마음도 사라져 버리게 된다.

무엇이나 지나치면 품위가 없어지기 때문에 고급 제품이나 명품 브랜드를 반드시 착용하라고 말하는 것은 아니지만, 최소한 청결하고 자신이 파는 상품에 어울리는 복장이나 물품을 착용하여야 한다고 생각한다.

구두와 가방은 간단한 소지품으로 멋을 부릴 수도 있으며, 오래 사용할 수도 있는 장식품이다. 예를 들어서 외출 전 단 몇 분의 손질 하나로 큰 차이를 낼 수 있는 것이 구두와 가방이다.

또 몸에 부착하는 것 외에도 수염, 머리, 구취 등도 이미지 관리에 중요하다. 어떻게 하는 것이 매력적인가 하는 데 대해서는 사람들마다 다르고 전문가의 노하우가 필요하다. 그러나 셔츠의 색깔과 넥타이의 무늬 혹은 넥타이를 매지 않은 경우 등에 대해서는 오바마처럼 상황에 따라서 어울리는 선택을 하는 것이 현명하다고 생각한다.

언제나 모델처럼 멋있는 사람이 되고 싶다고 생각하는 사람들은 옷이 더럽기 전에 항상 청결하게 세탁을 하고, 중요한 만남을 위해서 항상 넥타이 등의 준비를 게을리 해서는 안 되며, 이를 닦고, 깨끗한 매너를 유지하여 상대가 불쾌감을 느끼지 않도록 배려하는 마음이 항상 되어 있어야 한다. 이러한 사람들은 상대가 자신을 어떻게 생각하고 판단할까를 객관적으로 생각하고 대처할 준비를 하고 있는 사람들이다.

프레젠테이션에 달인이라고 하는 사람은 상대에 맞게 복장을 준비할 뿐만 아니라 행동까지 배려할 줄 아는 사람이다.

또 사무실 앞까지 차를 몰고 가는 사람이 있는가 하면, 반면에 조금 떨어진 곳에 주차를 시켜 놓고 걸어서 가는 사람이 있다. 전자의 경우는 지위가 있는 사람을 만날 때이고, 오만한 사람을 만날 때에는 후자의 경우를 택할 수 있다.

변화하는 시대에 비즈니스에 종사하는 사람들은 정보 수집에 뛰어나지 않으면 안 된다. 정보를 통해서 상대를 안 다음 상대에 따라 자신을 연출하는 것은 비즈니스의 중요한 요소가 된다.

복장이나 사소한 부분에 신경을 쓰지 않아 낭패를 당한 한 강사의 에피소드 하나를 소개하고자 한다.

어느 유명한 강사가 여성들이 많이 모이는 집회에 강사로 초청을 받았다. 강사는 자신의 양복 중에서 가장 좋은 것에다가 질 좋은 넥타이를 매고 강의를 열심히 하였다. 그런데 가장 열심히 듣고 열성적인 반응을 보여야 할, 맨 앞줄의 여성 몇 명의 반응이 영 신통치 않았다. 그래서 그 강사는 강의를 마친 후에 청중들을 상대로 설문 조사를 실시했다.

그런데 맨 앞줄에 앉아 있던 한 여성이 설문 조사에 이렇게 적어 보냈다.

"강사님의 양말이 영 눈에 거슬려 강의에 제대로 집중할 수가 없었네요."

그 강사는 깜짝 놀라 양말을 보니 하얀 천으로 된 양말을 신고 있었던 것이다.

비즈니스에 종사하는 사람은 미세한 부분에까지도 어디서 누가 보고 있다는 사실을 잊어서는 안 된다.

상대방의 말을 인용하여 상대의 약점을 공격하다

대통령 후보는 상대후보와 자신 중에서 어느 쪽이 보다 국민을 위한 정책을 제시하고 있을까를 생각하지 않으면 안 된다. 국민을 위한 정책이라고 생각되는 것이 있으면 그 부분에 대해서 국민들에게 집중적으로 어필시켜야 한다.

국민들 모두 불안을 느끼지 않고 안심하고 살고 싶어하는 욕구가 있다. 또 경제적으로 풍요롭게 살고 싶다고 하는 기본적인 욕구가 있기 때문에 그러한 욕구를 만족시켜 줄 수 있는 후보가 대통령에 어울린다고 생각한다.

민주당 대통령 선거에서 초점이 된 정책은 국민보험이라는 북미자유무역협정에 관한 것이다. 오바마와 힐러리의 정책에 있어서 근본적인 차이는 없었다. 따라서 자신의 정책에서 어떠한 것이 매력이 있는가를 보여주는 것이 무엇보다도 중요하였다.

공격을 먼저 한 사람은 힐러리였다.

"부끄러워해라." 힐러리는 오바마 진영이 발행한 조그마한 책자를 손에 들고 공격적 색깔의 빨간 셔츠를 입고 나와 격한 목소리로 규탄했다. 그녀는 국민보험이라는 북미 자유무역협정에 대한 자신의 입장을 오바마가 왜곡해서 사람들에게 전하고 있다고 비난한 것이다.

반면 오바마는 그 공격을 받아 넘기면서 이렇게 잘라 말했다.

"나의 보험의료 플랜과 힐러리의 의료 플랜은 다릅니다. 힐러리의 것은 정부가 당신들에게 의료보험에 가입하도록 요구하고 있으며, 만약 가입하지 않으면 당신들 임금에서 어떻게든지 보험료를 받아낼 것입니다."라고 힐러리의 약점을 파고들어 공격했다.

힐러리의 선제 펀치에 대한 멋진 카운트 펀치였다.

이것은 힐러리에게 있어서 예상치 못한 데미지가 되었다.

주장이 엇갈리기 때문이다.

이와 같이 상대의 말을 빌려 약점을 들추는 것은 확실한 방법이다. 상대는 자기 자신의 말에 반론할 수 없기 때문이고 만약 반론하려고 하면 자기 부정에 짐이 되어 버린다.

오바마가 이 발언을 하기에 이르기까지는 힐러리의 발언을 조사하지 않고 기억에 남겨두지 않았다면 이러한 수법을 사용하지 못 했을 것이다.

비즈니스맨은 항상 상대의 언동에 주의하고 냉정한 눈으로 자신의 기획과 경쟁하는 기획을 객관적으로 분석하는 것이 승리의 열쇠인 것이다. 자신과 상대의 강점과 약점을 여러 가지의 청중의 관심과 어떻게 결부시킬 것인가를 정확히 파악하는 것이 보다 자신의 기획이 보다 우위에 있다는 것을 어필시키는 기초가 되는 것이다.

불만과 불평을
정확히 듣는다

어느 집회에서 세 사람의 흑인 남성이 "버락 오바마, 당신은 흑인 사회를 위해 무엇을 해줄 수 있는가?"하고 무대를 향해서 소리쳤다. 일순간 오바마는 거기에 신경이 쓰이는 모습을 보였지만 그대로 연설을 계속했다. 한편 흑인 남성의 항의에 신경이 쓰인 무대의 청중은 "반드시 우리들은 할 수 있다"를 연호해서 그 세 사람의 소란을 진정시키려고 하였다.

오바마는 연설을 중단하고 한참을 보고 있었다. 오바마는 사태를 어떻게 해야 좋은지 생각하고 있었던 것이다. 세 사람의 흑인 남성 주장은 당연히 불만이다. 이 세 사람의 흑인의 배후에는 몇천 몇만 명의 유권자가 기다리고 있었던 것이다. 불만을 어떻게 처리하느냐에 따라 수천 수만 명의 유권자 지지를 잃을 수도 있는 것이다. 정치인들에게는 이러한 긴장감이 항상 따라다닌다. 우선 오바마는 청중을 진정시켰다. 그리고 "알았어요, 청년 여러분. 알았으니 질문해 보세요."하고 소리를 높였다. 회의장은 박수갈채로 넘쳐났다. 여기에서의 뜻밖의 효과는 오바마가 이야기를 들어주는 사람이라는 이미지를 얻게 되었다는 것이다. 오바마는 연설 중에도 사람들의 목소리를 듣는 것이 중요하다고 말한다.

오바마가 불만을 듣는다고 하는 자세를 보인 것이 오바마가 성공하게 된 또 하나의 성공의 비결이다.

| '강력한 반대 세력'은 존재감을 증가시키는 기회 |

오바마는 힐러리라고 하는 강력한 라이벌 덕분에 존재감이 증가되었다. 민주당의 예비선거는 역사상 최초의 흑인 대통령일까 여성 대통령일까 하는 화제로 들끓고 있다. 그 요인의 하나는 지명도 낮은 한 젊은 흑인 남성과 그와 반대로 지명도 매우 높은 발군의 백인여성이라고 하는 대조가 있었기 때문일 것이다.

일반 대중의 관점에서 보면 상당히 알기 쉬운 대비일 것이다. 그리고 힐러리라고 하는 강력한 전 퍼스트레이디에 대항하는 과정에서 압도적으로 불리할 것이라고 예상되었던 오바마는 성공했다.

오바마는 힐러리를 뛰어넘기 위해 수많은 전술을 펼쳐 나가게 되고 쫓아가면 쫓아갈수록 믿을 수 없을 정도의 결과를 남겨 왔다. 결과적으로 그

것이 성공의 전환점으로 되는 중요한 이미지로 어필이 되었다. 만약 예비 선거의 대항마가 힐러리가 아니고 평범한 상대였다면 여기까지의 그런 열기도 세계로부터의 주목도 모으지 못했을 것이다. 오바마의 젊음과 변혁을 가져다 줄 것이라고 하는 정열이 경험이 풍부한 힐러리를 상대하는 것으로 인해서 보다 더 부각되었다. 이런 의미에서 오바마 승리의 공신은 힐러리인 것이다.

카리스마를 계속 유지하는 구조를 만들다

오바마가 발휘한 카리스마 성격은 기업 경영자에 있어서도 좋은 본보기이다. 스스로 실패를 경험하고 그로부터 교훈을 얻어 아메리칸 드림을 꿈꾼 한 남자로서의 인간미 넘치는 이야기를 통해서 먼저 읽고 자신을 포함해 무언가를 바꾸려고 하는 느낌을 갖게 되었던 것이다.

그리고 아무런 두려움 없이 스스로를 돌파해 나가는 힘에 사람들이 휘어 감기는 모습을 느낄 것이다. 오늘의 기업에 있어서는 사원은 물론 기업을 휘어잡는 환경은 다양성을 띠고 있다. 취업 형태에 있어서도 정사원, 계약사원, 파견사원, 아르바이트 등 개인의 라이프스타일과 가치관에 따라 많은 선택이 되기도 한다.

비즈니스 세계에서는 오바마와 같은 카리스마가 정말로 필요한가 의문시하는 생각도 든다. 왜냐하면 카리스마의 존재는 굉장한 것이지만 언제인가 카리스마가 사라진 후 카리스마가 존재하고 있었을 때와 같은 상태로 유지될까 하는 큰 문제가 있기 때문이다.

카리스마는 자신이 카리스마로 군림하기보다도 카리스마를 계속 유지시키는 구조와 카리스마를 키워 가는 구조 그 구조를 계속 유지시켜 가는 구조를 만드는 것이 가장 중요한 역할인 것이다. 그렇게 생각하면 실제로는 카리스마보다도 구조가 중요하고 카리스마는 군림하는 것이라고 고집하는 카리스마가 정말 필요한가 하는 생각이 계속된다. 카리스마가 출현하면 측근에 자신보다도 우수한 인재를 배치시킬 수 있을까 그것을 확실히 확인해야 한다.

part 09

세일즈 초보자들이
활용할 수 있는
오바마 화술

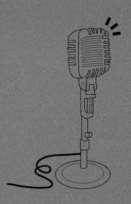

THE GREATEST NARRATIVE SKILL OF
BARAK OBAMA WHICH MAKES A MIRACLE

말하기보다 듣기를 잘한다

오바마는 국민들에게 상품을 판 것이 아니라 자신의 정책을 팔았다. 오바마는 4년간 사용할 수 있는 물건을 판 것이 아니라 4년 동안 나라를 맡겨 달라고 자신을 판 것이다. 대통령 예비 선거나 본 선거를 세일즈에 비유할 수 없지만 유사한 점이 많다.

우선 국민에게 좋은 이미지를 보여주어야 국민들이 그의 말을 믿고 신임한다. 마찬가지로 세일즈맨도 좋은 이미지를 보여야 그가 선전하는 상품도 어떤 내용인지 귀담아들을 것이다.

두 번째는 선거에서 정치인들이 국민에게 제시하는 구호나 정책들이 국민들의 마음에 들어야 선택할 것이다.

그와 마찬가지로 세일즈맨들도 자신이 가지고 있는 상품이 고객들이 원하고 필요로 하는 상품이어야 사게 된다.

오바마는 국민들을 위한 자신의 의지와 정책을 선전하기 전에 먼저 많은 사람들과 대화를 하면서 그들이 무엇을 원하는가를 알려고 노력하였다. 국민들이 진정으로 바라고 원하는 것이 무엇인지 깨닫고 알려고 수많은 사람들과 대화를 하면서 귀를 기울였던 것이다.

오바마는 정책을 말하기 전에 무엇보다도 국민들의 소리에 귀를 기울였다. 그는 말하기보다는 먼저 듣기부터 했다.

그는 자신의 생각을 말하기 전에 국민의 소리에 귀를 기울였던 것이다.

세일즈맨들도 마찬가지다 훌륭한 세일즈맨은 고객과 대화를 할 때 듣기부터 먼저 한다. 고객의 말에 귀를 기울이고 고객이 말하고 싶도록 유도한다. 고객이 말하면 고개를 끄덕이며 동의를 표시한다. 이것은 고객의 마음을 얻기 위함이다.

사람은 누구나 편견이나 비평 없이 자기 말을 들어주는 사람을 좋아한다. 남이 떠들어주는 것을 좋아할 사람은 아무도 없다.

그렇게 대화를 시작하여 고객이 자신의 이야기를 마음껏 하도록 한 다음 자신의 상품을 제시하고 상품에 대한 자신의 생각과 의견을 제시한다.

고객의 말에 귀를 기울이고 잘 들을 줄 아는 세일즈맨이 성공하는 세일즈맨이다.

오바마는 우선 국민이 마음으로 하고 싶은 이야기를 경청함으로써 그들이 진심으로 원하는 것을 파악하여 국민들이 공감하는 정책을 제시함으로써 국민들의 마음을 얻어 성공할 수 있었다.

고객의 신임을 얻는 비결은 고객에게 말을 많이 하는 것이 아니라 고객이 말을 많이 하도록 유도하고 고객의 말을 열심히 들어주는 것이다.

세일즈 초보자들이 활용할 수 있는 오바마 화술

성공하는 사람의 태도를 배운다

미국 역사상 최초로 흑인으로 미국 대통령이 되기 위해 출마를 했을 때 그에게 두려움이 있었을 것이다.

흑인이라는 생태적인 핸디캡과 시카코 변두리의 정치 초년생에 불과했으며, 과거에 여러 가지 좋지 못한 일들이 많았던 그가 미국 대통령이 되겠다고 선언했을 때 그에게 어찌 두려움이 없었겠는가?

그는 먼저 그 두려움을 물리치기 위해 링컨 대통령과 특히 루터 킹 목사같이 성공한 분들의 태도를 배웠던 것이다.

자신을 비난하는 정적들 앞에서 조금도 굴하지 않고, 그들을 비난하는 것이 아니라 모두의 꿈을 이루자고 사자후같이 힘차게 부르짖는 루터 킹 목사의 태도를 많이 배웠던 것이다.

그는 두려움을 통해서 더 큰 힘을 발휘한다. 그는 두려움에 꼼짝 못하는 무능한 정치인이 아니라 더 큰 목표를 향해 나아갔던 것이다.

　매일 전투를 치르듯 고객을 찾아 나서야 하는 세일즈맨들도 밖에 나설 때마다 두려움을 느꼈을 것이다. 계약을 성사시키지 못했을 때의 두려움, 계약에 급급해 사기친다는 오해를 받을 것에 대한 두려움 등 수없이 많다.

　두려움에 벗어나기 위한 방법으로 오바마는 자신이 루터 킹 목사를 벤치마킹하듯이 성공한 사람들의 태도를 벤치마킹해서 따라해 보라고 한다.

　1963년 8월 28일 루터 킹 목사는 워싱턴에 집결한 수많은 군중 앞에서 조금도 두려움 없이 "나에게는 꿈이 있다."라고 외쳤다. 그로부터 45년 후에 오바마는 루터 킹 목사가 하듯이 조금도 힘차게 "반드시 우리는 할 수 있다."고 외쳤다.

　세일즈에 성공한 사람들을 따라 해보는 방법으로 오바마를 통해서 배우는 몇 가지가 있다.

　첫째, 세일즈에 성공한 사람들의 태도는 언제나 당당하다. 그들은 헤프게 웃지 않는다. 적당하지 않을 때는 무표정하고 진지한 태도를 보인다. 오바마는 자신의 여러 가지 약점이 있음에도 불구하고 언제나 당당한 모습을 보였다.

둘째, 성공한 사람들은 태도가 세련되었으면서도 허리를 펴거나 바른 자세를 취한다.

TV에 등장하는 모습이나 대중 앞에 섰을 때 오바마는 항상 허리를 펴거나 꿋꿋한 자세를 취했다. 어깨를 움츠리거나 가슴을 껴안으면 자신감이 결여돼 보이기 때문이다.

셋째, 성공한 사람들은 같은 일도 긍정적으로 해석한다

오바마는 "반드시 우리는 할 수 있다."라고 긍정적인 메시지를 보낸다.

세일즈에 성공한 사람들은 세상을 '고속도로' 라고 말하지만, 실패한 사람들은 '지뢰밭' 이라고 한다. 성공한 사람들은 지난날 실패는 털어버리고 항상 새 출발을 준비한다.

몸을 낮출 때와
세울 때를 구분한다

오바마는 자신의 몸을 낮출 때와 세울 때를 아는 정치인이었다. 그는 어렸을 때는 열등감으로 항상 자신의 몸을 낮추고 살았다. 그 열등감을 극복하기 위해 마약까지 손을 대기까지 했다.

그는 변호사가 되었을 때에도 몸을 낮추어 불우한 사람들, 소외된 사람들을 위해서 일했다.

그러나 그는 자신의 정체와 희망을 보았을 때 몸을 높였다. 그리고 부패한 워싱턴 정치인들 앞에서, 부당한 이라크 전쟁에 대한 찬반투표를 할 때에도 그는 몸을 세웠다. 그리하여 여론과 압력 앞에서도 몸을 낮추지 않고 당당하게 부표를 던졌다.

또한 힐러리라는 거대한 경쟁자 앞에서도 조금도 굽히지 않고 몸을 세워 당당히 도전하여 승리했다. 그는 미국 국민들 특히 서민들 앞에서는 몸을 낮추었지만, 부패한 워싱턴 정치인들 앞에서는 몸을 세웠다.

몸을 낮출 때 낮추어서 성공한 사람들이 역사에 수없이 많다. 중국 한 (漢)나라 초대 황제 유방의 명장 한신장군은 젊은 시절 진시황에게 멸망당한 한나라 왕족으로 오갈 데가 없는 신세가 되었을 때 시장통에서 만난 백정의 가랑이 밑을 태연히 기어 화제를 남겼다. 그가 그렇게 몸을 낮추지 않았으면 유방의 명장이 되어 나라를 통일시켰겠는가? 이처럼 사람들은 누구나 자기보다 잘난 사람에게는 부담을 느끼지만 몸을 낮추는 사람을 좋아한다.

그러나 항상 몸을 낮추면 비굴해 보이지만 필요에 의해서 몸을 낮추면 항상 큰 것을 얻는다.

세일즈를 잘 하려면 자신의 일에 대해서는 몸을 세워 자신감을 보이고 자기 자신에 대해서는 몸을 낮추어야 한다. 그러나 의외로 그 반대로 나가는 사람들이 많다.

내가 원하는 것을 얻기 위해 몸을 낮추는 것이 그 알량한 자존심을 지키는 것보다 훨씬 가치 있는 일임을 오바마를 통해서 알 수 있다.

성공을 시각화한다

오바마는 무엇보다도 흑인으로서, 하잘것없는 변두리 정치인으로 강적 힐러리와 매케인을 누르고 미국 역사상 최초의 흑인 대통령이 되었다는 사실은 어쩌면 불가능한 일이었을지도 모른다. 따라서 그는 불가능해 보이는 일을 가능하게 만든 사람들 중의 하나이다.

그러면 오바마는 어떻게 불가능해 보이는 일을 가능한 일로 만들었을까?

한 마디로 그는 불가능한 일을 가능하다고 믿었기 때문이다. 그가 불가능하다고 처음부터 생각했다면 출마도 하지 않았을 것이다. 인간이 불가능한 일을 가능하게 만들 수 있는 것은 불가능한 일도 얼마든지 가능하다고 믿고 그것을 시각화할 수 있기 때문이다.

"세일즈맨들도 시각화를 잘 하면 성공할 수 있다." 이 말은 미국의 금융 전문저술가인 제니퍼 센더의 말이다. 예를 들어서 그날 까다로운 고객을 만나기로 했다면 그와의 계약이 성사되는 장면을 시각화하면 반드시 계약이 이루어진다는 것이다.

시각화는 실패에 대한 두려움을 없애주고 미래지향적인 사고방식을 갖게 해주기 때문에 매일 실패를 경험해야 하는 세일즈맨들에게 두려워하지 않고 미래와 자신감과 용기를 갖게 해줄 것이다.

세일즈를 잘하려면 과거로부터 자기 자신을 분리시켜야 한다. 오바마는 과거로부터 철저하게 분리시켜 성공할 수 있었다. 어두운 과거에 집착했다면 오늘날의 오바마는 존재하지 않았을 것이다.

세일즈는 아무나 할 수 있지만, 아무나 세일즈에서 성공할 수 있는 것은 아니다. 과거를 털어내고 미래에 대한 기대로 넘치면 성공할 수 있다. 그렇게 성공한 장본인이 오바마이고, 오바마는 미국의 모든 국민에게 과거를 단절하고 새로운 미래를 위해 변화를 부르짖고 있다.

후원그룹을 만든다

대통령에 당선되려면 지지자들을 많이 모아야 한다. 세일즈맨 역시 성공하려면 고객들을 많이 확보해야 한다. 그러나 혼자서 지지자들을 모으거나 고객을 확보하는 일에는 한계가 있다. 따라서 선거에서 이기려면, 또한 세일즈에 성공하려면 나를 후원해줄 수 있는 후원 그룹을 만들어야 한다.

후원그룹은 가급적 우수하고 우호적인 사람을 고르는 것이 좋다. 오바마는 우선 자신이 활동하던 시카코 사람들로 후원그룹을 형성하였다. 그 그룹이 당선 후 시카코 사단으로 불리우며 오바마 정권의 정책은 물론 앞으로의 조각 인선에 대해서 결정하였다.

세일즈맨의 후원그룹은 자신의 인생에 도움이 되는 사람이면 누구나 그룹멤버로 만들 수 있다. 다양한 인재들을 네트워크 안에 두면 자신이 일

세일즈 초보자들이 활용할 수 있는 오바마 화술

간, 주간, 월간, 연간 단위의 목표를 달성하는 데에 도움이 될 것이다. 후원그룹은 다양한 사람으로 하되 남들이 선호하는 직장인이나 전문가들로 구성해야 그룹을 확장시킬 수 있다.

현대인들은 각각 장벽으로 분리되어 고독하다. 따라서 누군가가 멋진 모임을 만들어준다고 하면 기꺼이 참석하고 싶어 한다. 그래서 오늘날 우리나라에도 많은 정치인을 포함해서 여러 가지 후원그룹을 만들어 운영하고 있다.

세일즈맨으로 성공하려면 가능한 빨리 자신을 지원해줄 수 있는 후원그룹을 만들어야 한다.

후원그룹을 만들어 잘만 운영하면 성공으로 가는 고속도로를 들어가게 된다. 오바마가 선거에서 성공한 것도 그를 지지하고 후원하는 그룹들의 노력을 무시할 수 없을 것이다.

세일즈맨이 단순히 고객을 확보하기 위한 목적으로 그룹을 만들면 실패할 것이다. 어떤 그룹이고 전체가 이익을 나눠가질 수 있도록 해야 오래 유지하는 법이다.

자신에게 투자한다

오바마는 절망적인 환경에서 자신의 정체와 장래 무엇이 될 것인가를 깨달은 후 동부에 매진했다. 그리하여 변호사 시험에 합격했다. 그리고 사람들이 무엇을 원하는 것인가를 알기 위해 많은 사람들과 대화를 가졌다. 변화하는 세계를 알기 위해 자신에게 많은 투자를 했던 것이다.

세상은 너무나 빨리 변해서 어제 통하던 일도 내일이면 통하지 않게 된다. 따라서 세일즈맨들은 고객의 뒤만 쫓다가는 세일즈의 프로가 될 수 없다.

오바마는 변하는 시대를 살아가는 국민을 앞서기 위해서 어느 누구보다 더 열심히 다양하게 공부하고 경험했다.

이것은 세일즈맨에게도 통하는 진리이다. 많은 세일즈맨들이 도태되는 이유는 '나는 세일즈맨이니까 세일즈에 대해서 모르는 게 없다.'고 착각하기 때문이다. 고객에게 앞서기 위해서는 고객들보다 더 열심히 세상의 변화에 대해서, 세상이 돌아가는 데 대해서 공부하고 연구해야 한다. 변화에 발맞추어 기량을 닦지 않고 경험만으로 세일즈하면, 경험을 강조하다가 실패한 힐러리처럼 얼굴에 철판을 깔았다는 부정적인 평가만 받을 뿐, 실패한 세일즈맨이 된다.

선진국형 세일즈맨이 되려면 시시각각 달라지는 지식들을 다양하게 받아들여 내공을 쌓고 세일즈에 적합한 이미지 관리에 게을리 해서는 안 된다.

세일즈를 잘 하려면 자신이 하고 있는 일에 맞는 이미지를 만들 것이 아니라 자신이 하고 싶은 일에 맞는 이미지를 만들어야 한다.

이미지와 대화 수준은 세일즈맨에게는 중요한 자산이 된다. 따라서 이미지 관리와 전문성을 발휘할 수 있는 공부에 아끼지 말고 자신을 투자해야 한다.

전화 파워를
잘 이용해야 한다

　오바마는 예비선거는 물론 본선거에서 미디어 활용에 어느 누구보다 적극적이었다. 또한 전화 파워를 잘 이용했다.

　선거는 물론이지만 전화와 인터넷을 빼놓고는 세일즈를 말할 수 없다. 그 중 전화는 누구나 그 사용법을 잘 알고 있다고 하지만, 의외로 잘못 사용하는 사람이 많다. 얼마 전 미국 한 시의원이 대통령의 전화를 잘못 걸려온 전화인 줄 알고 받지 않았다는 에피소드는 전세계적으로 화제가 되기도 했다.

　이런 예를 제외하고도 전화는 바디 랭귀지, 제스처, 표정 등 대화에 부여할 어떤 단서도 제공할 수 없어 오해 발생 요지가 크다.

　그러나 전화를 잘만 사용하면 시간을 반으로 줄이고 효과를 두 배로 올릴 수 있다. 오바마의 선거운동원들은 무엇보다도 전화를 잘 이용했다고 할 수 있다.

오바마의 선거운동원들이 배우고 활용한 전화 사용법을 세일즈맨에게 적용하면 다음과 같다.

첫째, 전화는 반드시 2번째 벨과 3번째 벨 사이에 받는다.

이것은 선거운동원 뿐만 아니라 세일즈맨들도 지켜야 할 규칙으로, 5번째 울려도 받지 않으면 자신에게 관심이 없다고 생각하는 게 사람의 심리다.

전화를 다시 하겠다고 약속을 했으면 반드시 그 시간 안에 해야 한다. 그렇지 않으면 상대방은 신경이 쓰여서 다른 일을 하지 못하게 되고 시간을 낭비하게 된다.

또한 전화로는 7초 안에 승부를 내어야 하므로 오바마 선거운동원들은 첫 마디에 "반드시 우리는 할 수 있습니다. 오바마 선거운동원 ○○입니다." 하고 인사를 했다. 따라서 세일즈맨도 신경을 써서 첫 마디부터 프로처럼 들리도록 밝은 목소리로 전화를 받아야 한다. 목소리를 밝게 하기 위해서는 미소를 지으면서 전화를 받으면 된다.

또한 전화를 걸 때에는 무작정 걸 것이 아니라 프레젠테이션을 준비하듯 할 말을 준비해서 말하는 것이 좋다. 왜 전화를 하는지 용건은 무엇인지, 상대가 어떤 질문을 해올 것인지를 생각하고 전화를 하는 것이 좋은 방법이다.

인터넷을 적극 활용하라

오바마만큼 인터넷을 활용한 정치인은 드물다. 지난 2004년 한국의 노무현 전직 대통령이 인터넷을 활용하여 성공하듯이 오바마는 인터넷에 의한 성공이라고 말할 수 있다.

인터넷의 장점은 상대편이 회의중인지, 전화 받을 기분이 아닌지를 파악하지 못하고 불쑥 전화를 걸어 관계를 악화시킬 위험부담이 전혀 없다는 것이다. 언제든지 시간 날 때 의견을 적어두면 상대편도 얼마든지 시간 날 때 그 의견에 대한 답을 보낼 수 있다는 점에서 세일즈를 편하게 할 수 있게 해준다.

또한 인터넷은 내 마음대로 내가 원하는 만큼의 정보를 가상공간에 올려 놓으면, 그 정보를 필요로 하는 사람이 얼마든지 정보를 받아보고 추가 정보를 요청할 수 있기 때문에 고객의 니즈도 사전에 정확하게 파악할 수 있다.

앞에서도 언급했지만 오바마 지지자들은 오바마에 대한 여러 가지 정보를 인터넷으로 통해 서로 연락하여 주고받아 재빨리 전국으로 확대시켰다.

인터넷은 오늘날 세일즈는 물론 다방면에서 사용할 수 있다.

물론 인터넷을 제대로 활용하려면 잡다한 일거리가 많다. 고객의 질문에 신속하게 답 글을 달아 그들의 궁금증을 해소 시켜주어야 하기 때문이다. 그러나 일일이 발로 뛰며 고객을 만나, 그가 내 상품을 원하는지 원하지 않는지부터 파악하는 일에 비하면 훨씬 일이 적을 것이다. 그리고 인터넷은 말 그대로 전세계를 향해 하고 싶은 말을 할 수 있는 공간이기 때문에 나는 하고 싶은 말을 실컷 할 수 있고 정보가 필요한 사람은 실컷 물어볼 수 있다.

그가 어디에 살건 무엇을 하는 사람이건 상관없다. 더 많은 사람들이 내 의견에 귀를 기울이도록 하려면 단지 내가 취급하는 상품 정보만 올리지 말고 사람들이 얻고 싶어 하는 정보를 가공해서 더 올려놓으면 된다. 내용이 좋으면 세일즈맨이 군이 고객을 쫓아다니지 않아도 고객들이 제 발로 찾아온다.

인터넷에 올리는 정보 때문에 고민할 필요는 없다. 자신이 은행원 출신이라면 은행 이용 방법을 콘텐츠로 만들면 된다. 사람들은 의외로 은행 사용 방법을 제대로 모르고 은행에서 취급하는 상품에 대해서도 정확하게 모르기 때문에 많은 고객을 모을 수 있을 것이다. CEO 출신이라면 어떻게 회사 위기에 대비할 것인가 등 자신의 경험을 콘텐츠로 만들 수 있다.

이처럼 인터넷은 자기만의 경험 세계와 노하우가 남들에게는 유익하고 재미있는 정보가 될 수 있어 조금만 부지런 하면 얼마든지 유용하게 사용할 수 있다. 요즘에는 간단한 아이디어를 개인 블로그에 올려 시장에 내놓고 성공한 사람들도 많다.

상대의 경제 사정을 잘 안다

오바마는 국민들의 경제 사정, 특히 서민들의 주머니 사정을 어느 정치인들보다 상세히 알고 거기에 맞추어 정책을 개발했다.

세일즈맨이 상대방의 주머니 사정을 모른다면 헛수고할 만한 가능성이 높다. 당장 하루하루 살아가기도 힘든 사람에게 고가의 상품을 팔 수는 없을 것이다. 특히 보험 등 눈에 보이지 않는 상품은 경제적 여유가 없는 사람을 타깃으로 해야 성공 확률이 높아진다. 따라서 세일즈를 잘하려면 고객의 지갑 사정을 파악하는 훈련부터 해두어야 한다.

경험이 많은 노련한 세일즈맨도 고객의 지갑 두께를 가늠하기란 쉽지 않을 것이다. 우리 옛말에 '떨어진 주머니에 어폐가 들었다.' 처럼 겉모양은 허술하지만 사실은 알찬 사람이 있는가 하면, '명주 자루에 개똥 들었다.' 는 말과 같이 겉은 그럴싸한데 실제로는 별 볼일 없는 사람도 있다. 그만큼 겉으로 봐서는 고객의 지갑 사정을 알아내기 힘들기 때문이다.

겉모습이 그럴싸해서 결혼했는데 결혼하고 보니 건달에 신용불량자였다는 웃지 못할 사건이 끊이지 않을 정도로 타인의 지갑 사정을 파악하기는 어렵다. 그러나 조금만 주의를 기울인다면 고객의 주머니 사정을 체크할 수 있다.

파산 직전의 닛산 자동차들은 1년 만에 흑자 기업으로 재탄생시킨 카를로스 곤은 "어떤 불황에도 이겨내는 강한 회사를 만들기 위해서는 목표를 구체적 숫자로 만들고 그 실행을 점검하는 '숫자 경영'을 실천해야 한다."고 주장했다. 즉 수에 강한 사람이 부자일 가능성이 높다는 말이다. 자기가 낼 필요가 없는 데도 찻값을 내려 하거나 조금만 복잡해지면 계산을 못해 헤매는 사람은 겉보기와 달리 주머니 사정이 좋지 않을 수도 있다. 고급 승용차와 최신 유행 복장을 하고도 그가 수에 약하다면 그 사람은 부자가 아닐 가능성이 높은 것이다.

우리나라에서는 한동안 부자가 되게 해준다는 책들이 줄줄이 출판되어 인기를 누렸다. 그만큼 사람들의 부자에 대한 관심은 높아졌다는 증거다. 그 중 가장 잘 팔린 책들은 부자 습관, 부자 마인드에 관한 책들이다. 세일즈맨들이라면 이러한 책들을 읽어 고객의 주머니를 식별하는 눈을 길러 둘 필요가 있다.

긍정적인 사고방식 역시 부자에게는 필수적인 요소다. 고객이 매사에 짜증을 부리고 세일즈맨이 소개하는 상품에 대해서도 부정적으로만 해석하면 그 고객에게 너무 많은 시간을 투자할 필요가 없다. 매사에 부정적인 사람이라면 주머니 사정도 그다지 좋지 않을 것이기 때문이다. 대신 부자들은 물건 사는 데 까다롭고 적은 돈도 절대 허술하게 쓰지 않기 때문에 깐깐하다는 느낌을 줄 것이다. 그리고 물건을 살 때도 가격보다는 품질을 중요시하며 가정을 방문해 보면 오래된 가구를 버리지 않고 사용하는 집들이 많다. 부자들은 소위 장기적 비용을 중요시한다.

고객이 부자라고 판단되면 이들을 만나기 전에 정확한 데이터와 자료를 준비해야 한다. 부자들은 정확한 사실을 중요시하기 때문이다. 그러나 부자들은 까다롭기는 해도 돈에 철저하기 때문에 중도에 해약을 하지 않아 장기적인 관계가 중요한 금융상품 판매에 있어서 매우 중요한 고객이 될 것이다.

자신감을 보인다

오바마의 화술의 가장 커다란 특징은 자신감을 나타내는 것이다. "반드시 우리는 할 수 있다."는 말은 자신감을 표현하는 최고의 화법일 것이다.

세일즈맨들도 신뢰를 파는 것이고, 신뢰는 자신감에서 나온다. 따라서 세일즈맨들도 확고한 자신감을 가지고 고객을 만나야 하며, 또한 자신감을 고객에게 보여야 한다.

자신감을 나타내는 방법으로 오바마를 통해 몇 가지 배워 보자.

첫째, 오바마는 먼저 국민에게 말로 나타내었다.

"반드시 우리는 할 수 있다."고 먼저 말로 전달한 것이다.

세일즈맨들도 고객을 만나서 상담을 할 때, 우물쭈물하지 말고 "저는 …를 확신합니다."라고 자신 있게 말해야 한다.

또한 자신감을 연출하는 방법으로 단체 모임이나 단체로 고객을 만날 때에는 헤드테이블에 앉는 것이다. 자리의 맨 끝이나 가장자리에 앉아서는 자신감을 나타낼 수 없다.

두 번째 오바마는 자신감을 갖는 방법으로는 많은 사람들을 만나 대화를 나누고 신문이나 미디어를 통해 세상 돌아가는 형편에 대해서 많은 지식과 상식을 쌓았다.

세일즈맨 역시 자신감을 갖기 위해서는 자신이 종사하는 업계는 물론 세계적인 사건 등 여러 분야에 걸쳐서 해박한 지식을 쌓아야 한다. 그래야만 누구와 대화를 주도해 나갈 수 있고, 풍부한 화제로 대화를 이끌어갈 때 자신감이 보일 것이다.

끝으로 오바마는 국민들을 만날 때 언제나 밝은 웃음을 잃지 않았다. 웃음은 하나의 자신감의 표출이기 때문이다

세일즈맨들도 친절해야 하고 미소를 자주 지어야 한다. 그러나 너무 헤프게 웃지 말고 단정한 태도로 흔들리지 않는 눈빛이 자신감을 나타내게 된다.

고객의 성격에 맞게
대응하라

오바마는 무엇인지 모르지만 불안을 느끼고 있는 국민을 안심시키고 신뢰를 얻은 다음 자신의 정책과 모든 것을 팔아 대통령이라는 직을 부여받게 되었다.

세일즈는 고객을 안심시키고 신뢰를 얻어야만 계약을 성사시킬 수 있다. 고객마다 성격과 취향이 다르기 때문에 천편일률적인 방법으로 접근하면 신뢰를 얻기가 어렵다. 따라서 세일즈맨은 고객의 주머니 사정과 함께 고객의 성격도 파악해야 한다. 고객의 성격이 다양하기는 하지만 몇 가지 유형으로 나누어 볼 수 있다.

성격별로 어떻게 대응하는 것이 좋을지 살펴보자.

첫째, 세일즈맨들이 가장 접근을 꺼리는 사람들이 독선적이고 카리스마가 강한 사람들일 것이다. 그러나 이들은 겉보기에 차갑고 무뚝뚝하고 까다로워 보이지만 사실은 매우 이성적인 사람들이다. 이들은 논리적이고 이성적이기 때문에 감성적인 말로 설득하면 통하지 않는다. 이들은 철저한 자료 준비와 짧고 논리적인 말로 설득해야 한다.

둘째, 이들은 수직적인 인간관계를 선호하기 때문에 상대편을 제압해야 마음이 편하다. 그렇다고 해서 쉽게 제압당하는 사람도 좋아하지도 않는다. 따라서 사실에 입각하는 강한 논리를 펴야 받아들인다. 상품도 일반적인 이야기는 생략하고 사실적이고 구체적으로 설명해야 좋아한다.

목소리는 낮고 힘 있게 말해야 논리적이고 객관적이라고 받아들인다. 독선적인 사람들은 일단 설득 당하면 자신이 선택한 일에 대한 자부심이 커 다른 고객 소개를 많이 해주고 변덕을 부리지 않아 일단 고객이 되면 거의 중도 해지를 하지 않는다.

사실은 독선적인 사람보다 겉으로 부드럽고 면전에서 아첨하는 사람을 설득하기가 더 어렵다. 이들은 변덕도 심해 유지율도 낮은 편이다. 그러나 따뜻하고 우호적인 태도로 접근하면 마음이 약하기 때문에 설득이 쉽다. 이들도 인간이기 때문에 자기 마음을 감추고 남들에게 좋은 말을 하느라 스트레스가 많이 쌓여 있다. 마음이 약해 예스와 노를 분명히 못해 손해본 일도 많을 것이다. 그래서 세일즈맨이 권하는 상품이 자신에게 부적당하다고 느끼면 절대 구매할 의사를 보이지 않을 것이다.

이들은 사람들이 '너를 좋아한다.'는 말을 면전에 대고 해주어야 한다고 믿기 때문에 남들도 자기에게 그렇게 해주기를 바란다. 따라서 마음에 들지 않더라도 그 사람이 한 일을 면전에서 칭찬하고 인정해주면 의외로 쉽게 설득이 되며 늘 남에게 대접만 해왔기 때문에 조금만 높여주면 인간관계도 두터워진다.

셋째, 인용을 좋아하고 몽상적인 말을 잘 하는 사람들은 대부분 철학적 사색을 즐기는 사람들일 경우가 많다. 따라서 이들에게는 구체적인 말로 설득하면 오히려 거부감을 일으킨다. 이들에게 말을 걸어보면 극단적인 이론을 내세우거나 믿도록 강요해 당황할 수도 있다. 이들은 자기 철학을 강하게 믿기 때문에 아무나 비판을 해대며 욕을 하기도 한다. 이런 고객에게는 세부 사항을 설명하는 것보다 원론적인 내용을 설명해야 설득할 수 있다.

넷째, 말이 없고 무표정한 사람은 자신을 강하게 통제하고 감정을 밖으로 잘 표출시키지 않는다. 그러나 가슴속에는 누구보다 강한 열정이 숨어있다. 이들은 부끄러움을 많이 느끼기 때문에 자신의 감정을 숨겨 사람들과 어울리지 못하고 외롭게 지낸다. 그런데도 남들이 접근하면 거리감을 두며 자신의 신념이 확고하기 때문에 타인이 가까이 오면 경계한다. 따라서 이들에게 접근할 때는 스텝 바이 스텝으로 천천히 다가가야 한다.

다섯째, 외향적이고 감각적인 사람들은 패션 센스가 있고 현실에 만족

세일즈 초보자들이 활용할 수 있는 오바마 화술

하는 편이다. 이들은 자기애가 강하기 때문에 다른 사람들이 자신을 어떻게 보든지 상관하지 않는다. 이 사람들에게는 다른 사람들은 오로지 자신이 원하는 욕구를 채워주는 사람들일 뿐이다. 따라서 이들은 의심이 많아 남을 잘 믿지 않는다.

이들에게는 현실적인 케이스를 예로 들어 설명해야 귀를 기울인다. 그리고 그 상품이 당사자에게 얼마나 유리한 것인지에 초점을 맞추어 설명해야 관심을 갖는다.

여섯째, 외향적인 리더형들은 항상 새로운 것을 찾아내며 자기 분야에서 두각을 나타낸다. 이들은 대부분 현재보다는 미래를 중시하는 미래지향적인 사고방식을 가졌기 때문에 세부적인 설명보다 최종 결과에 관심이 많다. 이들은 대형 프로젝트에 익숙해 전체 그림을 중시하기 때문에 실제로 자기가 일할 때도 세부사항은 생략하는 일이 많다. 따라서 이들을 설득하려면 새롭고 흥미 있는 주제를 선택해야 한다. 이들에게는 "당신이 이 상품을 사는 것은 당신이 남보다 세상보는 안목이 높기 때문이다."라는 말이 잘 통한다. 이들은 미래를 중시하기 때문에 보험 상품에 대한 관심이 그 누구보다 높은 사람들이다.

이러한 고객의 유형을 파악하고 그에 걸맞는 설득을 하면 세일즈가 한결 쉬워질 것이다.

실현 가능한
목표를 세워라

오바마는 우리나라 정치인들처럼 실현 불가능한 공약을 제시하지 않고 가능한 정책만 제시하여 국민들로부터 신뢰를 얻어 대통령이 되는데 성공하였다.

세일즈를 시작하는 사람들은 돈 문제를 안고 시작하는 경우가 많아 단기간에 돈을 많이 버는 무리한 목표를 세우기 쉬우며 단기간에 돈 많이 벌려면 무리한 계획을 세워 밀고 나가게 된다. 초기에는 발등의 불을 끄기 위해 불가능한 목표까지도 달성할 수도 있을 것이다. 그러나 지나치게 무리하면 지치기 마련이다. 인생은 단거리 경주가 아니라 장거리 경주이기 때문이다.

장기적인 안목으로 목표를 세워야 한다. 세일즈에서 목표를 세우는 것은 대단히 중요하다. 목표는 사람들에게 떠밀려 아무 생각 없이 네거리로 나갔다가 생각 없이 방향을 정한 사람과 처음부터 어느 방향의 길로 어떻게 가서 무엇을 하겠다고 생각하는 사람과의 차이가 무엇인지를 보여준다.

그러나 무리한 목표를 세우면 목표에 발목이 잡혀 스스로 돈 버는 기계로 전락하기 쉽다. 따라서 목표를 세우려면 앞으로 1년 안에 연봉 1억 원에 매니저 진급, 5년 안에는 50평 아파트에 외제 차를 탄다는 것과 같은 단기 목표보다 전체적인 비전 중심에 초점을 맞추어야 한다.

나는 이 직업으로 어떻게 성공할 것인가에 대한 큰 그림이 '비전'이다. 비전 중심으로 목표를 정하면 유연성이 생겨난다. 세일즈에는 성공적인 매뉴얼이 따로 있는 것이 아니라 갈팡질팡하거나 뒤로 돌아가야 할 경우가 많아 목표가 부담스러우면 그 목표에서 멀어진다는 부담이 짓눌리기 쉽다. 즉 순발력을 발휘할 수 없게 된다. 재능이 뛰어난 운동선수일수록 순발력을 마음껏 발휘하기 위해 어떤 운동이건 몸에서 힘을 빼는 것으로 시작하고 노련한 선수일수록 힘을 완전히 뺀 상태에서 경기를 시작한다.

목표도 마찬가지다. 너무 구체적인 목표는 사람을 경직시키기 때문에 끝까지 이기게 해 주지는 않는다.

세일즈를 한다고 해서 목표를 지나치게 경직되게 세우면 목표가 빗나갈 때마다 실망해서 세일즈를 조기에 그만둘 가능성이 높아진다. 자신이 세일즈를 하는 이유가 돈만 많이 버는 것을 목표로 하는 것이 아니라 좀더

값진 인생을 살기 위해서라면 잰 레스클리처럼 유연성 있는 목표를 세우

는 것이 좋다.

싫은 사람을 칭찬하라

오바마는 그토록 자신을 공격하고 싫어했던 사람을 칭찬하고 포용하여 링컨 다음으로 포용 정치를 하고 있다.

세일즈맨들도 누구에게나 칭찬할 수 있다면 성공은 저절로 다가올 것이다. 특히 마음에 들지 않는 사람을 칭찬해서 내 편으로 만들면 그 효과는 배가 될 것이다.

좋아하는 사람에게 좋은 말을 하는 것은 누구나 할 수 있다. 싫은 사람에게 칭찬할 수 있는 사람이 프로다. 칭찬은 상대편을 인정하고 존중한다는 의사 표현이다. 그 때문에 싫어하는 사람을 내 편으로 만드는 데 칭찬만큼 좋은 것은 없다.

수많은 학자와 종교인들이 미소를 지으며 마음을 다해 칭찬하면 돌부처도 돌아앉는다고 주장한다. 사람의 마음에는 기가 통하기 때문에 내가 싫어하면 상대편도 나를 싫어하고 내가 좋아하면 상대편도 나를 좋아한다. 따라서 싫은 사람을 칭찬하면 그도 머지않아 나를 좋아하게 될 것이다. 싫은 사람이 칭찬을 해주면 적개심을 가진 사람에게 칭찬 받았다는 안도감과 그동안 자기 혼자서 상대편을 싫어했다는 죄책감을 갖게 된다. 또한 보이지 않는 곳에서 싫은 소리 하는 사람이 많으면 저주를 받아서 될 일도 잘 안 된다. 예로부터 사람들이 남의 입에 오르내리는 것을 싫어하는 이유도 그 때문이다.

반면에 사람들이 내가 보지 않는 곳에서 칭찬을 많이 하면 나에게 좋은 기가 많이 모아져서 어려운 일도 저절로 풀린다. 미신 같은 말이지만 수많은 종교인들과 학자들이 말이 품는 독기와 축복에 대한 많은 연구 결과들을 내놓았다.

그러나 아무리 프로라도 칭찬의 말을 미리 준비하지 않으면 자기도 모르게 칭찬 대신 비난을 해버릴 수도 있다. 따라서 세일즈를 잘 하려면 그런 일이 생기지 않게 칭찬의 말을 미리 준비하고 그것이 입에 배도록 연습해 두어야 한다.

칭찬은 입에 배지 않으면 엉뚱한 곳에서 펑크를 내게 된다. 따라서 칭찬은 내용을 만드는 것도 중요하지만 부지런히 연습해서 자기 것으로 만들어야 한다. 쑥스럽더라도 초면과 구면, 까다로운 사람, 쉬운 사람을 따지지 말고 칭찬을 아끼지 말아야 한다. 그리고 칭찬은 주저하지 말고 즉각 하는 것이 좋다. 칭찬은 망설이면 퇴색되어 버린다.

part 10

사람의 마음을
휘어잡는
오바마의 화술

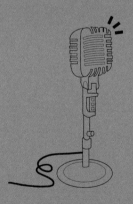

메모를 이용하는
방식을 택했다

대통령이나 후보자들은 기자들의 질문에 답할 때나 연설을 할 때 주로 메모를 택한다. 즉 메모를 보고 연설을 한다.

메모하면 미국 정부 내에서 여러 가지 정책이 검토될 때 작성되는 비밀 문서이다.

예를 들면 차세대 에너지로서 그린 에너지의 사용을 추진하자고 대통령이 생각했었다 하자 대통령은 스텝에게 그린 에너지에 대해 묻는다. 스텝은 대통령의 물음에 대해 간결하게 알기 쉽게 대답해야 한다.

우선 그린 에너지를 둘러싼 현황을 말해야 한다. 그리고 거기에 따른 상세한 현황 분석을 말하고 마지막 구체적 제언을 한다. 그 제언들이 메모 안에 요약해서 기록되어 있으며, 대통령은 그 메모를 읽고 어떤 제언을 채용하면 좋을지 생각한다.

메모는 기본적으로 '대상 · 과제 · 현황 · 상세한 상황 분석 · 제언'이라고 하는 형식을 취한다. 그러나 여기에서는 조금 바꿔서 '대상 · 과제 · 포인트 · 상황 · 대응'으로 한다.

오바마가 많은 군중들 앞에서 말할 때 청중을 사로잡는 방식으로 다음과 같은 특징이 있다.

등장할 때부터 사람들의 마음을 사로잡는다

오바마는 우선 등장할 때 인상과 목소리로 청중의 마음을 사로잡는다.

그리고 우선은 웃는 얼굴. 어쨌든 웃는 얼굴로 등장한다. 물론 억지웃음은 안 되고 지극히 자연스러운 웃는 얼굴이 좋으므로 오바마는 입을 좌우로 벌려서 확실하게 웃는다.

오바마는 회의실의 사람들에게 아낌없이 웃는 얼굴을 한다.

오바마가 어떤 TV 프로그램에 등장했을 때 음악에 맞춰 춤을 추면서 등장했던 적이 있다. 화려한 스텝을 보여 관중을 열광시켰다.

이것도 관중의 주목을 모으는 좋은 인상을 심어주는 근사한 자기 연출이라고 말할 수 있다.

게다가 마지막 예비 선거가 끝났을 때에 했던 연설 등은 처음 2분간을 쭉 감사의 말로 매듭짓고 있다.

오바마는 기쁨을 가족과 스텝과 그리고 청중으로 구별하지 않고 함께 한다.

그 모습을 보고 감동하지 않는 지지자는 없을 것이다.

최초의 2분간에서 지금까지의 격한 싸움을 위로함과 동시에 결속을 더욱 강화시키는 것에 집중하여 말한다.

또 오리건주에서 열린 집회에서는 "안녕하세요, 포트란드"라고 하는 한마디에 청중들은 환호를 했고, 계속해서 모인 청중의 수에 "와―" 하고 3회나 놀란 듯한 말을 했다. 오바마의 기쁨과 감동이 솔직하게 표현되고 있다.

그것을 눈으로 확인한 청중은 한순간 오바마의 페이스에 빨려든 것이다. 등장한 순간에 이 상황을 만들어내 버리는 것이다.

오바마가 연단에 올라서는 순간 지금부터 어떤 말이 시작되는지 청중은 기대하고 기다리고 있다.

오바마는 진지한 얼굴을 가지고 연설을 끌어간다. 이끌어가는 방법은 매우 예리하다. 예를 들면 "오늘밤. 54일의 전쟁을 뒤로 하고 예비 선거를 마치게 되었다."와 "5년 전 이라크 전쟁이 시작되었다."라고 하는 식으로 지금부터 어떤 말로 시작될까를 청중에게 전하고 있다. 청중에게 마음의 준비를 시키는 것이 필요하다.

또 "이 선거는 우리들의 역사 속에 결정적인 순간이 된다고 나는 몇 번이고 말하고 있다. "라고 하는 간결한 말로 연설을 시작하는 수법도 자주 사용하고 있다.

그러나 한편으로 "우리들의 인민은 보다 안전한 연방을 형성하기 위해" 라고 미국 국민의 누구나 알고 있는 합중국 헌법의 전문을 인용하고 있다.

| 배울 점 |

말을 하다가 무엇인가를 인용하는 것은 자주 있지만 갑자기 인용하는 방법으로 연설을 시작하는 것은 극히 드문 일이다.

특히 중요한 연설에서는 이러한 의표를 찌르는 작전도 효과가 있다. 왜냐하면 청중들이 뭔가 있을 거라고 기대하고 있기 때문이다.

오바마는 복장에서도 청중을 배려하고 있다. 오바마는 옥내 집회에서 연설을 할 때에는 검정 셔츠를 단정하게 입고 나온다.

그러나 청중과 거리가 가깝거나 청중과 뒤섞여서 한 사람 한 사람과 접촉을 하게 될 때에는 와이셔츠에 노 넥타이를 하고 나와 청중들에게 친근한 이미지를 연출한다.

오바마의 복장은 그때그때 큰 반응을 일으킨다.

오바마가 이전에 케냐를 방문했을 때 소말리족의 장신구를 몸에 걸치고 있는 장면이 선거 중에 공개되었다. 이것이 혹시 오바마가 이슬람 교도가 아닌가 하는 의심을 불러일으키는 계기가 되었다 사람들은 우선 듣지 않고 눈에 나타난 현상만 보고 판단하는 경향이 있다. 그 때문에 어떤 복장을 하고 대중 앞에 나오는가가 이미지에 매우 중요하다.

'뭔가 다르다'는 느낌을 주는 웃음

많은 사람들 앞에서 이야기하는 자체가 긴장이 될 수밖에 없다. 정도의 차이는 있어도 누구나 긴장하기 마련이다. 오바마도 인간이므로 긴장했을 것은 분명하다.

그런데 이런 긴장을 극복하기 위해서는 많은 사람들 앞에서 연설하는 상황을 가상하고 연습하지 않으면 안 된다.

강연 활동을 주업으로 하는 사람이나 교사가 아니라면 그런 기회는 그렇게 많지 않을 것이다. 학교에서는 의무교육을 받기 때문에 교실에서 그런 경험을 갖게 될 수도 있다.

이야기를 하는 것이나 사람들 앞에서 나서는 것이 질색인 사람들은 가능하면 이런 상황을 피하고 싶을 것이다. 이런 사람들은 오바마가 사용한 방법을 배울 필요가 있다.

| 같은 말을 반복해서 사용한다 |

같은 말을 반복해서 사용하는 수법은 상대를 안심시키기도 하고 일체감을 주기도 하는 효과가 있다. 이러한 방법은 프레젠테이션에 이용할 수 있다. 더구나 긴장되는 장면이 있어도 자신에게 지금까지 익숙해 있는 말을 하게 되면 자기 자신을 안정시키는 효과가 있다. 특히 정기적으로 리포트나 스텝을 이용해서 여러 번 프레젠테이션을 하면 결제를 받아야 하는 비즈니스에서도 이용할 수 있는 방법이다.

다음으로 생각할 것은 이야기해야 하는 사람으로서 어떻게 하든 무엇인가를 전달하지 않으면 안 될 상황을 고려해야 한다는 점이다.

만약 당신이 이야기 듣는 쪽이라면 어떤 사람의 입장에서 말하는 것이 좋을까를 생각해 보자.

어쩌면 그 판단은 말하는 사람이 단상에 오른 후 첫 마디를 말하기 전까지 몇 초 동안의 상황에서 판단하게 된다. 말하는 사람의 자세와 태도가 그 기준이 되기 때문이다. 더구나 처음으로 이야기하는 사람이라면 그 시점에서 뜻밖의 정보는 없다고 보는 것이 정당하다.

만약 당신이 단상에 오르는 그 순간부터 청중을 압도하고 싶다면 등단하기 전에 다시 한 번 거울을 보라. 당신이 말하기 전부터 청중들의 시선은 일제히 당신의 태도, 자세, 표정에 집중하여 첫 인상을 결정하는 요소를 찾아낼 것이다. 뽐내듯 뚜벅뚜벅 걸어도 그것은 위엄 있고 자신이 있는 것처럼 위장하는 것에 불과하다. 따라서 그런 행동을 당신은 사람을 깔보는 거만하고 위압적인 사람이라고 느낄 수도 있다.

이와 반대로 몸을 굽히고 종종 걸음으로 나타나면 신경질적이고 안정감이 없는 사람이라며 겸손한 듯한 자세를 취하는 사람이라는 느낌을 줄 수도 있다.

중요한 것은 웃는 얼굴이다. 그것은 강한 인상만이 아니라 친근감과 호의적인 안정감을 청중들에게 주는 효과가 있다. 이러한 인상이 청중들과의 심리적인 장벽을 허물어 회의장의 분위기를 단숨에 장악하여 이야기를 듣는 자세로 만들게 하는 것이다.

웃는 얼굴은 '이 사람은 뭔가 다르다.' 라고 청중들이 느끼게 하는 요소가 되는 것이다. 오바마와 같은 웃는 얼굴이 아니더라도 회의에 참석하기 전에 회의실을 둘러보고 참석자들에게 한 마디 건네는 것도 좋은 방법이다. 이때 미소를 나타내면 더욱 좋은 효과가 있을 것이다. 원래 무뚝뚝한 사람은 이것만으로도 경계심과 반항심을 줄여주는 효과가 있을 것이다.

더구나 미소를 짓는 것은 비용이 들지 않는다. 웃음으로 인해서 참석자들의 기분을 높일 수 있다면 그렇게 하지 않을 사람이 없을 것이다.

물론 복장도 중요한 요소 중의 하나이다. 셔츠와 넥타이는 기발한 차림으로 참석자들의 충격을 겨냥하는 것보다도 안정감을 주는 색과 무늬를 선택해야 한다.

시계, 목걸이, 반지 등 비교적 눈에 띄기 쉬운 것은 당연하지만, 구두와 벨트도 복장 전체 밸런스를 깨트려 엉망이 되어서는 안 된다.

지금까지 말한 이 정도가 연설의 성공에 중요한 요인이 되기 때문에 충분히 대책을 강구해야 한다.

연설에 리듬을 주어 청중의 집중을 지속시킨다

버락 오바마의 연설에는 리듬이 있다. 말하는 목소리를 느리게 하다가 빠르게 하고, 빠르게 하다가 느리게 하면서 변화를 주어서 한다.

이 변화에는 의미가 있다. 일정한 속도가 계속되면 청중들은 안정감을 느끼지만, 졸리게 된다. 안정감을 주는 것이 목적이라면 효과적이지만, 오바마의 주 목적은 사람들에게 용기와 희망을 주는 것이다. 따라서 그 목적에 맞는 리듬이 필요하다. 오바마는 중요한 부분에 가서는 꽤 긴 문장이라도 상대에게 여유를 주지 않고 다그치듯 단숨에 말해 버린다. 당연히 속도가 붙기 때문에 청중들은 여기가 클라이맥스라는 것을 알 수 있다. 이 때 청중들의 박수갈채로 힘을 얻은 오바마는 더욱 속도를 내면서 목소리를 높인다. 이것은 마치 뛰어오르는 듯한 고양감을 청중에게 부여한다. 그러한 클라이맥스는 1회에 3~5분의 시간을 만든다.

오바마는 연설을 하면서 청중들의 반응을 살피고 있다. 여기가 포인트라고 생각하는 부분에서는 오바마는 잠깐 간격을 둔다. 물론 때에 따라 예외는 있다. 그것은 오바마가 간격을 두어도 박수가 없을 때가 있기 때문이다.

오바마는 여기가 가장 강조하고 싶은 부분이라고 생각하는 부분이 클라이맥스다. 오바마가 자주 사용하는 방법은 '반드시 우리는 할 수 있다.' 로 같은 말을 자주 반복 사용하는 것이다.

그 외에 "우리들은 ~에서 우리는 국가를 믿는다."를 반복하는 경우와 "베를린을 보라."고 시작하는 문장을 반복하는 경우 "우리들은 ~을 할 수 있다"는 말로 시작하는 경우 여덟 번이나 반복한 경우도 있다.

2008년 7월 24일 베를린에서 했던 연설을 보아도 오바마는 "지금이야말로 ~의 때다"라고 시작되는 단락을 8회나 연속했었다. 오바마는 청중들의 기분이 고조되는 리듬을 만들어내고 있는 것이다.

이러한 화법은 1947년 미소냉전시대로 세계에 인식시킨 트루먼 독트린 연설에서 사용된 화법으로도 유명하다. 그 연설에서 트루먼 미대통령은 "나는 ~이라고 믿는다."로 시작되는 문장을 3회 연속 사용하였다. 그로 인해 청중에게 상당히 강력한 인상을 주게 되었던 것이다.

오바마는 조크로 청중들을 웃기기도 한다.

오바마는 토론회의에서 최대의 약점은 무엇인가라는 질문을 해서 이야기를 조크로 만들어서 청중들을 많이 웃겼다.

"최대의 약점은 무엇인가라는 질문을 받으면 나는 보통 이렇게 대답한다. 서류를 잘 정돈하지 않아서 책이 여기저기 흩어져 있어 정리정돈을 할 사람이 필요하다고."

그런데 힐러리와 애드워드는 최대의 약점을 물으면 "나는 가난한 사람을 돕는 것에 정열이 넘친다. 나는 미국에 빨리 변화를 가져오고 싶어 견딜 수가 없다."고 요령 있게 받아넘긴다.

내가 요령 있게 받아넘기지 못한 것을 루루가 알고 있다면 나는 반드시 이렇게 말했을 것이라고 생각한다.

길을 횡단하는 할머니를 돕는 것이 좋겠지만, 때로는 쓸데없는 참견이라는 말을 듣기도 한다. 나는 이것이 끔찍하다.

오바마는 지지자들과 볼링을 할 때에도 "나의 경제플랜은 나의 볼링솜씨보다 훌륭해요."라고 조크를 던진다.

오바마는 조크뿐만이 아니라 알기 쉬운 예를 드는 것도 잊지 않는다. 미시칸 주의 오크탄트에 주재하고 있는 군대에서 연설할 때에는 이라크 전쟁에서 얼마나 많은 돈이 낭비되었는지 숫자를 들어 설명하면서 이 돈이면 90만 명의 사람들이 보험을 들 수 있다고 말하였다.

이 이야기를 들은 사람들은 이라크 전쟁을 어떻게 생각하고 있을까? 이라크 전쟁에 직접 관계가 없는 사람들도 이라크 전쟁에 대해서 다시 생각하게 된다.

지루하지 않게 연설하는 오바마의 화술

지루한 연설을 듣지 않으면 안 될 정도만큼의 고통은 없을 것이다.

알고 있으면서도 덮쳐오는 졸음에 어떻게 할 수 없다. 도대체 이러한 지루함을 어떻게 해결해야 할까? 세미나나 강연에서 재미있게 말하는 사람과 그렇지 못한 사람을 비교해 보면 그 차이를 알 수 있다.

연설 프로인 오바마가 제시하는 포인트는 세 가지다.

우선 첫 번째는 변화이다. 여기서의 변화는 이야기의 탬포와 목소리 등의 높낮이 등의 변화를 의미한다.

인간은 움직이지 않는 것을 계속해서 보고 있거나 또 스피드에 변화를 주지 않으면 움직이는 것을 볼지라도 결국은 졸음이 밀려오는 것은 마찬가지다. 일정한 리듬, 음정의 변화가 없는 연설도 계속해서 들을 수가 없을 것이다. 리듬과 목소리의 크고 작음, 모든 요소를 사용해서 변화를 주지 않으면 지루하다고 느끼게 되는 것이다.

오바마는 완급을 이용하여 이야기의 흐름에 변화를 만들어내고 반대로 같은 내용을 몇 번이나 사용하여 안정된 리듬을 만들어내어 듣는 사람으로 하여금 지루하지 않게 한다.

| 변화와 안정감의 균형 |

변화와 안정감, 이 두 개의 균형을 청중의 반응을 보면서 컨트롤 할 수 있는 능력이 그의 연설이 청중들로부터 칭찬과 환호를 받게 하는 하나의 이유라고 생각한다.

그리고 신체의 움직임도 중요한 요소의 하나이다. 이야기의 중요도에 따라 몸의 움직임, 손의 움직임 즉 보디랭귀지를 사용할 수 있고, 그리고 단상을 걸어 다니면서 연설하는 것도 청중의 시선을 움직이는 효과가 있기 때문에 능숙한 연설자들은 거의 이런 방법을 사용하고 있다.

다음으로 중요한 것이 웃음이다. 웃음도 변화의 일종이지만 특히 중요하기 때문에 여기서 별도로 취급하고자 한다.

어떻게 웃으면 웃음이 뇌를 자극하는 효과가 있다는 연구와 웃음에 의한 자극으로 뇌가 활성화되었다는 사례가 많이 있다.

진지한 대화를 할 때 조크를 말하는 것은 매너에 문제가 있다고 하는 의견도 없지 않으나 그것은 정도의 문제이다. 물론 조크도 앞에서 말한 변화의 일부라고 할 수도 있지만 어쨌거나 조크는 정도가 중요하다고 생각한다.

적당한 조크는 사람을 즐겁게 하고, 분위기를 업그레이드 시킨다. 웃음은 커뮤니케이션의 윤활유인 것이다. 절도 있는 어른의 방심을 이용한 조크는 요리에 있어서 향신료와 같은 것이다.

마지막으로 머리와 신체의 컨디션을 요소로 들 수 있다. 식사를 마친 직후에는 머리가 맑지 않다는 것은 체험적으로 알 수 있는 것이다. 또 웃음을 섞어서 아무리 많은 변화를 준 연설이라도 밤을 새우며 들으면 아무래도 집중력이 떨어진다.

청중의 수면까지 고려할 수는 없지만, 청중들이 지루하지 않게 얘기를 듣도록 하고 싶다면 연설의 시간도 배려해야 할 필요가 있다.

또 회의실의 온도와 회의장 밖의 분위기, 그리고 창문을 통해서 바라볼 수 있는 회의장 주위의 풍경도 신경을 써야 한다. 왜냐하면 회의장에 적절한 온도가 유지되지 않으면 집중력에 영향이 있기 때문이다.

마음을 빼앗아가는 풍경이 회의장 창문 밖에서 펼쳐진다면 이것은 말하는 사람과 청중 모두를 위해서도 커튼이라도 쳐서 집중력이 분산되지 않도록 해야 한다.

연대감을 강조한다

오바마와 힐러리의 연설을 비교하면 전체적으로 힐러리보다 오바마가 '우리들' 이라고 하는 언어를 많이 사용하였다.

'나, 우리' 라는 말을 힐러리가 사용했을 때에는 그 말은 연설에서 일종의 보조적인 역할에 지나지 않는다.

예를 들어서 힐러리가 "우리들의 최선의 날이 미국의 장래가 밝을 거라고 나는 절대적으로 믿는다."라고 말하고 있지만, 같은 내용을 오바마가 말했다면 다음과 같이 했을 것이다.

"우리들의 최선의 나날이 미국의 장래가 밝을 거라라고 우리들은 절대적으로 믿는다."

"만약 반드시 우리는 할 수 있다."가 "만약 나는 할 수 있다."라고 한다면 어떻게 되었을까? 그 말에 청중들이 그토록 열광했을까?

특히 오바마가 "반드시 우리는 할 수 있다."라고 몇 번이나 반복해서 사용하자 청중들의 반응은 가히 놀라울 정도였다.

토론회의에서 오바마는 '이것은 자신이 말한 것이라'고 말한 힐러리에 대해서 정확하게 사용하지 못한 것에 대해서 비난하였다.

본래대로 말한다면 "이것은 우리들이 한 것" "이것은 우리들이 달성한 것"이라고 말해야 한다고 오바마는 힐러리에게 말했다.

이 일을 통해서도 우리가 알 수 있는 것은 오바마는 '연대감'을 강조하는 말을 많이 하고 있고, 그 말을 중요시한다는 것이다.

오바마는 청중들이 콜 할 수 있는 클라이맥스를 확실히 만들고, 청중과 함께 연설을 작성하고 있다. 이것은 마치 콘서트 장에서 인기가수가 히트곡을 불러 청중들이 콜 하는 것과 같은 현상이다. 같은 장소에서 같은 순간을 공유하고 있다는 생각이 일체감을 낳는 것이다.

| 청중과의 벽을 허물다 |

오바마의 수법에서도 또 하나 채택할 만한 것을 권하라면 청중과의 벽을 허무는 열쇠는 '당신과 나'가 아니고 '우리들'이라고 하는 바로 일체감이다.

오바마는 나의 생각을 이렇다 라고 일방적으로 메시지를 보내는 것이

아니라 우리들이 함께 생각해 보자고 하는 스텐스를 명확히 하는 것으로

당신과 나는 같다고 하는 메시지를 전달하는 것이다.

보디랭귀지를 잘 활용한다

버락 오바마가 연설을 하고 있는 모습을 보면 눈에 띄는 특징이 있다. 가능한 얼굴을 좌우로 흔들고 있다. 그렇게 하여 시선이 많은 사람들에게 가도록 하고 있다.

일대 일로 이야기 할 때 사람들은 얼굴을 보지 않고 얘기하면 실례가 된다. 그와 마찬가지로 아무리 많은 사람들이 모였다고 할지라도 얼굴이 보이도록 하고 시선이 사람들에 가 닿지 않으면 안 된다.

무대가 없는 경우는 오바마는 자유롭게 왔다갔다 걸으면서 연설을 한다. 이것은 의식적으로 하지 않으면 하기가 어려운 것이다. 왜냐하면 많은 사람들 앞에서 연설을 할 때에는 미리 준비한 원고를 보는 일에 신경을 써야 하기 때문이다. 무대 바로 옆에 원고가 부착되어 있는 기계가 설치되어 있다. 보통 때는 그것을 보면서 연설을 한다. 그런데 오바마는 강단에서 연설을 할 때에도 거의 그곳을 보지 않고 시선이 청중들을 향해 있다. 과거의 미국 대통령 후보 중에는 20분 정도의 짧은 연설을 하는 것이 보통이다.

그런데 오바마는 어느 후보보다 길게 한다. 따라서 충분한 연습 없이 원고 기계를 보지 않고 연설하기는 불가능하다.

연설은 라이브감이 중요하다. 연설은 원고를 그냥 읽어서는 안 된다. 지금 이 순간만 듣는 것이 아니라는 데에 가치가 있다. 완전한 원고가 있다고 하더라도 그것에만 신경을 써버리면 청중과의 일체감이 사라져 버린다.

오바마는 종종 원고 없이 연설을 한다. 어쩌면 형식에 구애받지 않는데다가 꼭 필요한 정보만을 기억하는 수법을 사용하고 있는 지도 모른다.

| 일체감을 주는 연설 |

무엇에 대해서 이야기할 것인가만 명확하게 알고 있으면 줄거리만 메모한 것으로도 형식에 구애받지 않고 많은 사람들에게 생동감 있는 연설을 할 수 있다.

오바마는 청중들의 모습을 잘 살피면서 연설을 한다. 청중이 박수갈채를 보낼 때 연설을 재개하기 위한 타이밍을 잡기가 여간 어렵지 않다.

오바마는 청중의 박수갈채를 중간에 잘라 버리지 않게 이야기에 조금 간격을 두었다가 다시 재개한다. 박수갈채가 조금 조용해지면 연설을 재개했다. 그러면 청중은 다시 귀를 기울인다.

박수갈채를 잘라버리지 않게 콘트롤 하는 것이 중요하다. 게다가 오바마는 연설하는 장소가 얼마나 중요한가를 강조하고 있다.

예를 들면 "뉴 오린스는 우리들이 아직 볼 수 없는 것을 보는 상상력을 갖고 노력하는 결의를 가질 때 미국에 어떤 가능성이 있을지 항상 나타내고 있는 마을이다."라고 원주민의 긍지를 회고시켰다. 방문하는 주와 지역마다 어떤 역사가 있고, 어떤 풍토가 숨 쉬고 있다는 것을 알리고 있다. 또한 오바마는 캔자스 주 어떤 지역에서 연설할 때 "우리들은 친구다 우리들은 가족이다."고 말했다.

그 지역은 오바마의 조부가 자란 곳이다. 오바마는 실제로 살아보지는 않았지만 오바마는 그 지역 사람들을 '가족' 이라고 말하여 일체감을 높인다.

청중과 쌍방향의 대화 방법을 택한다

연설을 할 때에는 상황에 따라 연출이 필요하다. 물리적으로 연단을 놓지 않는 것도 효과적인 방법이다.

그리고 일체감을 느끼면서 대화를 하기 위해서는 상대의 눈을 보고 이야기해야 한다.

그러나 많은 청중이 있는 경우에는 한 사람 한 사람과 교감을 주고받기가 현실적으로 불가능하다. 거기서 도입하고 싶은 것이 회의장의 청중이 앉아 있는 자리의 사각(四角)을 차례로 보는 것이다. 그러면 자연스럽게 회의장 전체에 눈길이 가닿고 전체를 향해 이야기하고 있다는 상황을 만들어 낼 수가 있다.

일대 다수의(1: 다수) 상황이라면 마치 1: 1로 연설하는 듯한 감각을 만들어 내고 있다. 오바마의 시선이 항상 청중을 향하고 아래를 거의 보지 않는 것은 그 때문인 것이다.

거기에 하나 더 능숙한 말솜씨는 자신의 주장만 열거하는 것보다 "여러분 어떻게 생각합니까?" "여러분 중에 이 문제에 관해서 나와 같은 의견이라고 하는 분은 계십니까?"라고 질문을 던져 청중의 반응을 이끌어내는 것도 오바마의 특유한 화법 중의 하나이다.

이미 공감대가 형성되어 이루어진 커뮤니케이션이지만 도중에 질문을 던지면 청중의 반응을 쉽게 끌어낼 수 있다.

반응은 당연히 상호교감으로 이루어진다. 듣는 사람이 일방적으로 설득을 당하는 대신 청중과의 쌍방향성을 갖게 하는 것으로 시간과 장소를 공유하고 있는 것을 의식시켜 견해의 벽을 허물게 되는 것이다.

청중의 기억에
남게 하도록 하는
오바마의 화술

상당히 기억력이 좋은 사람은 예외지만, 대부분의 사람은 들은 말의 세세한 부분까지는 기억하고 있지 않다. 어떤 아름다운 문장 어떤 좋은 내용의 말이라도 인간의 망각을 피할 수는 없다. 그러면 어떻게 하면 인상을 남길 수가 있는 것일까?

오바마에게는 정열이 있다고 하는 인상이 있다. 따라서 오바마의 말을 잊어버려도 그 이미지만은 남는다. 그 때문에 오바마의 말은 잊어버려도 이미지만은 사람들의 기억 속에 남는다.

오바마는 그런 목적으로 효과적으로 여러 가지 수법을 구사하고 있다. 연설의 리듬에 맞춰 주먹을 쥐어 보이고, 사람들을 향해 손가락을 세워서 주의를 끈다.

오바마 자신의 설명에 의하면 어느 사람을 집게손가락으로 가리켜 버리는 버릇이 있는데, 그런 행동을 할 때에는 그 사람을 잡아끄는 듯한 생각이 든다고 한다.

그것은 집게손가락으로 사람을 가리키는 것은 상당히 공격적이기 때문이다.

오바마는 연설을 재미있게 하기 위해 책상을 치는 듯 오른손 왼손을 바꿔 가며 반복적으로 한다.

가장 주목을 끌어야 할 대목에서는 양손을 상하좌우 흔들어 상당히 풍부한 변화를 주고 있다. 케네디도 오바마와 동일한 손동작을 구사하고 있었지만 대부분 오른손에 한해서였다.

오바마의 연설 스타일은 신체동작을 획기적으로 구사하고 있다고 하는 점에서도 뛰어나다. 절묘한 신체동작은 사람들에게 잊을 수 없는 인상을 준다. 가까운 거리에 있으면 표정이 잘 보이지만 먼 거리에서는 자세한 표정까지는 볼 수 없다. 그러나 손동작은 먼 거리에서도 잘 보인다. 손동작은 표정을 대신하는 것이다. 능숙하게 손동작을 사용하면 정열을 전달 할 수가 있다. 정열을 전달함과 동시에 이것만은 놓쳐 버리고 싶지 않아 강조하는 정열적인 대사를 준비한다.

오바마는 "변화를 믿어요." "변화를 위해 연대" 그리고 "반드시 우리들은 할 수 있다." 등 결정적인 대사를 많이 준비하고 있다.

그러나 보통과 같은 정열적인 대사를 생각하는 것만으로는 불충분하다. 비전을 결정짓는 무대에서는 오바마는 더욱 강한 면모를 가지고 있다. 결정적인 무대에서는 오바마는 비전을 단적으로 표현하는 힘 있는 말을 구사한다.

오바마의 비전이라면 무엇일까?

오바마의 말을 듣고 있으면 떠오르는 비전이 있다. 미국은 다시 한번 공정한 경쟁을 할 수 있는 나라로 변화시키는 것이다. 또한 진심으로 열심히 일하면 진정으로 잘 살 수 있다는 확신을 갖게 하는 나라로 변화시키는 것이다.

제외국과의 우호관계를 되돌리기 위하여 미국 외교 정책을 변화시킬 것이다. 그린 에너지를 도입하는 것으로 인해 석유에 의존하는 구조를 변화시킬 것이다. 인종을 뛰어넘어 사람들이 연대하는 나라로 변화시킬 것이다.

"변화를 믿어요." "변화를 위해 연대" 그리고 "반드시 우리들은 할 수 있다."라고 호소하는 열정적인 무대는 그러한 비전이 뒷받침되고 있기 때문에 더욱 힘이 있다. 만약 비전이 없으면 그저 공허한 말에 지나지 않을 것이다.

오바마는 스스로의 비전을 정확하게 요약할 수 있는 힘을 가지고 있다.

오바마의 말에는 지금 살아 있는 의미를 불어넣는 힘을 가지고 있다. 청중은 오바마로부터 그러한 힘을 느끼고 있는 것이다.

비전을 강구하는 힘은 사람들의 함성을 묶어 역사를 만드는 새로운 힘을 탄생시킨다. 한 사람 한 사람의 소리는 작지만 그것을 모으면 큰 물결이 되는 것이다.

역사를 만드는 새로운 힘이란 미국이 지금까지 밟아온 역사를 참고로 해서 다음 시대에는 뭔가가 필요한지 발굴해내는 힘이다.

오바마는 정당을 초월하고, 인종의 벽을 넘어서, 성별의 다름을 넘어서 미국이 지금 직면하고 있는 문제와 싸울 필요가 있다고 주장한다. 그것은 오바마가 마음속에 그리는 새로운 시대이다. 단지 그것은 오바마 혼자만의 생각은 아니다. 지금까지 많은 사람의 함성에 귀를 기울이며 서서히 오바마의 마음속에서 자라온 생각인 것이다. 자신만의 생각이 아닌 많은 사람들의 생각을 대변하고 있기 때문에 오바마의 소리는 열광하는 청중의 마음을 울리는 것이다.

| 반복의 힘 |

사람은 망각의 생물이다. 미운 것도 실패한 것도 세월이 약이라고 하듯 실제로 잃어버릴 수가 있다. 선명하게 기억하고 있는 듯한 것이라도 조금

씩 서서히 그 기억은 희미해져 갈 것이다. 그러면 청중에게 메시지를 전할 때 반복해서 가능하면 잃어버리지 않게 할 수 있을까

우선 중요한 것은 반복해서 몇 번이고 말하는 것이다. 이것은 비즈니스에 있어서도 마찬가지다. 사원에게 전할 의도가 실은 전달되지 않아 중요한 문제로 발전해 버렸다는 등의 일이 있다.

거기서 기업에서는 복창하고 확인한다고 하는 것이 장려되고 있는 것이다.

인간미를 느끼게 할
스토리를 말한다

버락 오바마가 오리건 주에서 실시한 집회에 참가했을 때 처와 두 딸 3명의 가족과 함께 연단에 올랐다. 오바마는 가족과 가볍게 스킨십을 하고 가족과 입 맞추는 연출을 했다.

미국 국민은 대통령의 가족을 이상적인 가족으로 본다. 특히 유명한 것은 케네디 일가이다. 부이노의 조그마한 어린아이의 사진은 좋은 부친으로써의 케네디 상을 국민에게 인상을 심어줬다.

미국에서는 정치인이 가족애를 나타내는 것은 매우 중요한 것이다. 종교적인 요소도 물론 있지만 레이건이 등장할 때까지 이혼 경력은 대통령이 될 수 없다고 하는 바로미터라고 말할 수 있다.

또 오바마는 장래의 세대를 생각하는 것이야말로 애국심이라고 말한다. 그것은 오바마에게 사랑하는 2명의 딸이 있으므로 설득력이 있다. 우리가 자식의 장래를 생각하는 마음은 미국 국민에 있어서 공감할 수 있는 것이다.

오바마는 연설에서 여러 가지 인간미를 보이는 연출을 많이 한다. 자신의 성장을 이야기하고 가족을 이야기한다. 양친이 미국에서 성공하는 것을 원하고 '신의 은혜 '를 의미하는 이름을 붙여준 것과 흑인인 조부모의 마음도 있는 대로 이야기한다.

게다가 마주친 사람들의 이야기도 섞어서 이야기한다. 마을에서 만난 어린이의 꿈 이야기, 선거 봉사자인 여성 집회에 참가한 노인 등 특히 보통사람들의 이야기가 나오고 있다.

청중은 오바마가 이야기를 들어주는 사람이라고 생각한다. 일방적으로 전달하는 것만으로는 이야기의 힘을 갖지 못한다. 왜냐하면 말은 애초에 사람과 사람 사이에서 자신의 기분을 전하는 것이기 때문이다.

청중은 정책만을 알고 싶어 하는 게 아니고 그 인물이 자신들의 대표로 뽑을 수 있는 바른 인격을 가졌는지도 알고 싶어한다.

자신의 소리가 전해지고, 자신의 일을 알아주고, 자신을 알아주는 사람이라고 믿는 마음이 사람들 마음에 불을 지핀다. 자신이 전하고 싶은 것을 전하는 것만이 아니고 청중이 전하고 싶다고 생각하는 것을 조합할 줄 알고, 또 이야기를 듣고 싶다고 생각하게 하는 것이 오바마의 비결인 것이다.

| 자신과 관계 있는 이야기에 귀를 기울인다 |

어떤 재미있는 이야기가 있다고 해도 그 이야기와 자신과의 연결에 기대를 하는 것이 있다. 자신과 연결될 때 다음 전개가 어떻게 될까 신경을 쓰게 되고, 빨리 다음 이야기를 알고 싶어 견딜 수 없게 되는 것이다. 그것은 소설에 있어서도, 코믹에 있어서도 마찬가지 현상이 나타난다.

최근에는 대표적인 드라마가 이와 같은 기분이 들게 한다고 생각하기 때문에 대단한 인기를 얻고 있는 것이다.

사실 연설의 경우도 청중의 심리 상태는 마찬가지라고 생각한다. 이야기하는 사람은 청중이 다음에 무엇을 이야기할까 기대를 갖게 하는 것이 좋은 방법이다. 물론 내용에서 기대를 리드하는 것이 제일이다. 그를 위해서는 스토리 성이 있는 전개를 만들어 내지 못하면 안 된다.

연설의 요소로 생각할 수 있는 것은 실은 더욱더 멋있는 에피소드가 있다는 느낌을 주면 이야기가 듣고 싶어지고 다음 회가 기다려지는 것이다.

스토리 성과 에피소드에 청중의 흥미를 모으기 위해서 중요한 것이 있다. 그것은 말하는 사람으로서의 깊이를 느끼게 하는 것이다.

청중은 성공담만이 아닌 실패담과 힘겨웠던 이야기를 알고 싶어 하는 것이다. 거기에 진실이 들어 있는 말에 감정이 움직이는 것이다. 고통의 상황 중에도 가족에 대한 사랑과 우정이 쌓이는 에피소드에서 그 사람 인간성에 자신과의 공통점을 발견해내게 되면 그것을 매력으로 느끼는 것이다. 실은 이러한 요소는 인기드라마나 연설이나 공통적인 것이다. 인기 스토리가 있으면 왜 인기가 있을까 하는 관점에서 보면서 자기 자신의 스토리에 도입하는 것이다.

part 11

상대를
내 편으로 만드는
오바마의 화술

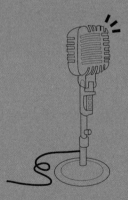

전략적인 패배자가 된다

예비선거를 시작하기 전의 상황에서는 오바마는 압도적인 차로 힐러리에게 리드를 당하고 있었다.

힐러리는 풍부한 경험에 토론에서도 뛰어난 자질을 가지고 있었다.

힐러리는 어떤 화제에서도 논리적으로 상쾌하게 답변할 수 있었다. 토론은 변론술이 좌우한다는 점에서는 오바마는 힐러리에 당해낼 수가 없었다. 그렇다면 오바마는 어떻게 대항했을까?

북미 자유 무역 협정이 의제가 되었을 때의 일이다. 힐러리는 북미 자유 무역 협정의 개선안을 웅변적으로 이야기했다. 모범적인 회답이었다. 반면 오바마는 힐러리와 똑같은 북미 자유 무역 협정을 개선할 필요가 있다고 이야기했다. 그것만으로는 힐러리와 큰 차이가 없다. 오바마는 거기에 덧붙여서 자신이 실제로 멕시코의 대통령과 캐나다 수상과 접촉했다는 행동을 어필했다. 자신이 말하고 싶은 것을 먼저 말해 버리고 뒤에 아무것도 말할 수 없게 되면 패배해 버리는 것이다. 토론회에서든 시간이 제한돼 있기 때문에 다른 후보와 같은 것을 반복해도 별 일이 없다.

오바마는 교육 문제에 있어서 토론했을 때 "좋은 생각을 많이 말씀하셨어요."라고 다른 후보자 의견을 칭찬하고 아직 언급되지 않은 문제에 관해서 말했다. 그 중에서 "우리들은 TV스위치를 꺼야 하고 게임을 줄여야 한다. 그리고 우리들의 어린이 교육은 소극적이지 않고 적극적으로 참가시켜야 된다고 가르쳐야 한다."라고 부모로서의 시점을 강조해 관객의 공감을 얻었다.

오바마는 힐러리가 압도적으로 우세할 때에는 충돌을 피하고 관객의 공감을 불러오는 접근으로 스스로의 존재를 인상 깊게 심어준다. 상대가 우세할 때에는 충돌을 피해 가만히 있고 자신의 기초를 견고히 하면서 기회를 엿본다고 하는 작전을 구사한 것이다.

오바마는 예비 선거에서 힐러리에게 졌을 때는 힐러리의 승리를 축복하고 있다.

상대인 힐러리의 승리를 축복하는 것은 중요한 것이다. 힐러리에 투표한 유권자의 눈이 있기 때문이다. 승리를 솔직하게 축복한 쪽이 좋은 인상을 받을 수 있기 때문이다. 이것은 아무리 예비 선거에서 싸우고 있지만 힐러리와 오바마는 민주당 내에서는 동지이기 때문이다.   토론할 때에 한 치 불리해도 오바마는 초조하게 서두르지 않고 반박하지 않았다. 다만 관객의 기억에 남을 만한 중요한 포인트를 말할 뿐이다.

토론회에서 사회자가 오바마에게 힐러리가 만약 대통령 후보가 되면 맥케인에게 이길지 어떨지 물어보자 오바마는 "전에 말했듯이 힐러리는 절대적으로 승리한다. 하지만 나도 힐러리가 말하고 있듯이 좋은 후보라고 생각한다." 라고 유머를 섞어서 말하였다. 상대를 인정하면서도 자신의 이점을 말하는 쪽이 상책이다. 상대를 부정하고 자신을 부각시키는 쪽 보다도 상대를 부각시키고 덧붙여서 자신을 부각시키는 것이 현명한 방법이다. 동지를 부정하는 사람에 대해서 좋은 감정을 갖겠는가?

| 패배를 뛰어넘는 용기 |

패배를 완전한 패배로 인정해 버리는 것은 그 사람의 태도에 나타나는 부작용이 매우 큰 것이다.   야구를 예로 들어서 말하면, 홈런을 맞아버린 피처가 낙심해서 어깨를 늘어뜨리고 있는 장면은 신체 전체에서 "졌다"라는 사실을 표현해 버린 것이다. 거꾸로 홈런을 맞아도 다음 타자와의 대전을 준비해서 힘차게 던지는 피처는 어떨까. 확실하게 맞았지만 아직도 승부는 지금부터라고 하는 태도에서 싸우는 상대에 버거운 상대라는 생각

이 들게 하는 것이다. 오히려 그런 피처에게 두려움을 느낄지도 모른다. 따라서 패배했을 때에는 심리적인 쇼크가 태도로 나타나 버리는 경우가 많기 때문에 오늘부터라도 그런 쇼크를 받지 않도록 훈련을 해두는 것이 중요하다. 그러기 위해서는 항상 제 3자적인 관점을 가지고 사물의 좋은 면에 초점을 맞추는 것도 좋은 방법이다.

예를 들면 앞 타자에게 홈런을 맞은 피처라면 다음에 던질 힘은 충분히 남아 있기 때문에 과거에서 미래로 시점을 바꿔서 다음에 던지는 투구에 전력을 기울인다고 생각하면 좋다.

비즈니스를 예로 들면 이번 달의 판매가 목표에 도달하지 못했다고 해서 언제까지나 민감해 있으면 아무것도 해결할 수 없다. 목표에 도달하지 못했다고 하는 사실은 받아들이지 않으면 안 되지만 그래도 어떠한 행동을 했을 때에는 그 행동 중에서 훌륭한 점도 훌륭하지 못했던 점도 있었을 것이라 생각해야 한다. 더구나 천천히 생각하고 있을 시간은 없기 때문에 가설을 세워 비록 적을지라도 이번 달 행동한 것과 전혀 다른 행동을 다음 달에는 하지 않으면 안 된다.

이 가설의 정도와 결정한 것을 실행하는 행동력이 다음 결과를 낳는 것이다. 가설을 세우지 않은 채 더구나 행동도 하지 않으면 이번 달 이상의 결과는 올릴 수 없다. 훌륭히 하지 못했다는 점을 두 번 다시 하지 않는 것만으로 승리의 패턴의 행동에 조금씩 가까워지는 것이다.

그 패배를 다음 기회에 연결하는 하나의 사고방법으로 패배한 원인이 실력의 문제인가 실력을 발휘할 환경의 문제인가를 구별해서 접촉하는 관점이 필요하다. 실력의 문제라면 다음 기회에 대비해서 실력을 키울 수밖에 방법은 없다. 자신의 약점을 정확히 파악하고 그 약점을 극복하는 노력을 시작할 수밖에 없다 .그러나 환경의 문제라면 싸움의 실력이 있음에도 불구하고 패배라는 결과가 나왔기 때문에 그 사실은 받아들이면서도 싸움에 이를 때까지의 준비와 상대를 파악하는 것이다. 뭐니뭐니 해도 냉정히 원인을 주시하고 같은 실패를 반복하지 않도록 다른 싸울 방법을 강화하지 않으면 안 된다.같은 것을 반복하는 한 같은 결과가 있을 뿐이다.

적을 만들지 않고 승리한다

오바마가 열세를 극복하고 서서히 우세하게 되면서 힐러리는 치열한 공세로 바꿨다. 힐러리는 "다른 누군가의 연설에서 문장을 도용하는 것은 당신이 믿음을 주는 변화가 아니다. 그것은 당신이 할 수 있는 변화는 남의 변화를 복사한 것에 지나지 않는다."라고 오바마의 연설에 대해 비난을 전개했다. 여기에 대해서 오바마는 정책상의 논의를 하는 쪽이 중요하다고 냉정히 대응했다. 힐러리 진영이 이런 저런 네거티브 공격을 계속한다고 오바마는 지적하였다.

그리고 힐러리 진영의 선거활동의 수법에 있어서는 대구할 가치가 없어서 말하지 않는다고 오바마는 여유를 보였다. 힐러리가 오바마의 역전을 막지 못하면 죽는다는 필사적인 네거티브 공격을 계속해서 반복하면 할수록 오바마에게 유리하게 되었다. 왜냐하면 네거티브 공격에 시종일관하는 정국이야말로 과거의 유물이기 때문이다. 오바마의 그런 과거 대 미래의 구도에 힐러리는 스스로 걸려들고 있는 것이다. 게다가 힐러리는 오바마보다도 업적과 경험이 뛰어나다는 것을 주장하기 위해 공격 재료의 밑천을 모두 드러내 버렸다. TV에서 오바마의 업적을 뭔가 하나 부각시키도록 부탁받은 오바마의 지지자가 정확히 말하지 못했던 것을 힐러리는 공격 재료로 한 것이다.

"말은 중요하다고 생각하지만 말보다도 행동이 많다는 것을 말하는 것이다."라고 힐러리는 단언하고 오바마의 경험 부족을 공격했다.

그래도 오바마는 냉정하게 힐러리의 "말보다도 행동이 많다는 것을 말한다." 라고 하는 말을 인정한 후에 커뮤니티 워크나 이즈로 일해 온 자신의 업적을 이야기했다. 말하는 것과 연설하는 것 자체가 흥미가 있는 것이 아니고 될 수 있는 한 많은 사람이 아메리칸 드림을 달성할 수 있도록 도움을 주는 것이 중요한 것이라고 오바마는 말했다.

그리고 오바마는 힐러리의 업적을 근사하다고 칭찬하고 그것을 더럽히는 행동을 해서는 안 된다는 명언을 했다.

오바마는 힐러리의 도발에 편승하지 않고 받아 넘겼던 것이다.

오바마는 포지티브에 힘쓰고 가능하면 상대의 비난을 절제하고 네거티브 공격을 별로 하지 않았다.

상원 선거에서 오바마가 채택한 전술도 근본은 같았다. 오바마는 대립 후보의 반복적인 네거티브 공격을 가능하면 무시해 버렸다. 그리고 상대가 자멸하는 것을 기다렸다. 네거티브 공격에 있어서는 반격하지 않고 상대의 열기가 식을 때까지 기다리는 것이 현명하다.

적을 막다른 골목으로 몰고 가지 않는다

2월 21일 토론회에서 어느 쪽이 선수를 잡을까를 제비뽑기로 결정할 때 오바마는 제비뽑기에 승리했지만 힐러리에게 선수를 양보했다. 힐러리가 어떻게 나오는가의 모습을 보기 위해서다. 우세를 유지하고 있을 때는 상대가 어떻게 나오는가 그 모습을 보는 것은 매우 중요하다. 상대의 형세에 관계없이 공격적으로 나오면 위험하기 때문이다. 어쨌든 오바마는 막다른 곳에서 여유를 보이고 있었다. 힐러리는 새로운 러시아 대통령이 된 메드베셰프의 이름을 정확히 발음하지 못해서 우물거렸을 때가 있었다. 이것은 풍부한 외교 경험을 자랑한 힐러리를 공격하는 데 절호의 재료이다. 그러나 오바마는 힐러리에게 도움을 주었다. 오바마는 상대의 사소한 실수를 파고드는 공격은 하지 않는다. 그것은 관객에게 나쁜 인상을 심어주기 때문이다. 힐러리의 실언에 대해서 오바마는 특별히 공격하지 않은 것

상대를 내 편으로 만드는 오바마의 화술

은 말하고 싶은 것이 불완전하게 전달되어 버리면 자기 자신도 같은 일이 발생할 수 있기 때문이다.

또 힐러리 진영이 이슬람 등의 복장을 하고 있는 오바마의 사진을 흘린 사건에 대해서 힐러리 자신은 알지 못한다고 명언을 하자 오바마는 깊이 추궁하지 않고 정책의 논점에 관해서 이야기를 옮겼다. 추궁하는 것보다도 관객에게 힐러리와 다른 뭔가를 어필하는 쪽이 좋은 것이다.

어쨌든 오바마는 될 수 있으면 여유가 있는 모습을 보여주려고 했다. 힐러리에 승리한 후에도 힐러리의 지지자를 끌어들일 필요가 있기 때문에 힐러리를 끝까지 규탄하는 것은 마이너스이다.

일시적으로 승리를 거뒀어도 적을 추궁하고 힐책하는 것은 안 된다. 그 적이 내일의 우방이 될지 모르기 때문이다.

적이 깨끗하게 승복하도록 하기 위해 적이 죽을 장소가 아니라 자신이 승리하는 장소를 만들 필요가 있다.

약함을 알면 강함도 보인다

국민 보험에 관해서 오바마는 힐러리에 비교해서 지식이 부족하다.

오바마 자신도 힐러리야말로 국민 보험을 위해 긴 세월 분투해 왔다고 인정하고 있다. 힐러리는 일찍이 국민 보험 실현에 착수했지만 좌절했다. 분석한 경험이 있다고는 하지만 국민 보험은 힐러리의 숙원이고 뜻이 있는 분야이다. 게다가 오바마는 힐러리의 플랜과 자신의 플랜이 95% 같다고 말하고 있다.

오바마는 어떤 방법으로 자신의 플랜의 이점을 나타냈을까?

오바마는 힐러리의 플랜이 의료보험에 가입할 여유가 없는 사람에게까지 강제적으로 가입시키게 되고 그 결과 급료에서 강제로 보험료를 징수하려 한다고 지적했다. 오바마의 지적은 매우 알기 쉬운 말로 힐러리의 플랜의 약점을 파고들었다. 시청자의 마음에 여운을 남기는 말이었다. 약점을 전문적으로 상세하게 설명해도 시청자의 마음에 와 닿지 않으면 의미가 없다. 단적으로 상대의 생각의 약점을 날카롭게 지적하는 말이 가장 효과적이다. 그리고 오바마는 자신의 플랜의 이점에 관해서도 알기 쉬운 말로 정리하였다. 오바마는 국민 보험 실현을 목표로 하고 있다는 점에서는 힐러리와 다르지 않지만 자신의 계획대로라면 보험을 요구하는 사람은 보험에 가입할 수 있고 비용도 저렴하다고 주장하였다. 오바마는 "그것이 나와 힐러리의 정책과 진정으로 다른 것이다." 라고 단언하였다.

또 오바마는 많은 전문가도 자신의 플랜이 비용이 저렴하다고 말한 것을 인용하여 자신의 플랜의 이점을 설명하는 데 보강했다. 권위를 이용해서 자신의 의견을 보강하는 것은 효과적인 수단이다.

국민 보험만이 아니고 이라크 전쟁에 있어서도 오바마는 힐러리의 약점을 밝혀내서 자신의 장점을 어필하였다. 오바마는 이라크 전쟁에 관해서 상원 선거에서 낙선할 위험이 있어도 자신은 일관되게 반대를 주장한다고 각오를 밝혔다.

그에 반해 힐러리는 이라크 제재 결의에 찬성표를 던졌다고 오바마는 지적한다. 그렇게 말하면서 오바마는 이라크 전쟁에 관해서 힐러리와의 대비를 부각시켰다. 게다가 오바마는 대통령에 어울리는 이점을 자신은 가지고 있다고 말한다. 즉 '할 수 있겠지.' 가 아니고 '반드시 우리는 할 수 있다.'고 말한 것이다.

오바마는 힐러리가 풍부한 경험을 가지고 있는 것은 인정한다. 그러나 지금 미국이 필요로 하고 있는 것은 변혁이고 커뮤니티, 오카나이즈를 시초로 해서 여러 가지 경험을 통해서 미국을 변화시키려고 생각해온 자신의 경험이 더 유익하다고 주장한다. 무엇을 필요로 하는가를 우선 제시하고 그것을 자신이 가지고 있다고 설명하는 수법은 스스로의 이점을 최대한으로 어필할 수 있는 방법이다.

| 상대와의 차이점을 부각시켜라 |

사람과 사람이 무언가를 다투는 경쟁의 경우 어느 쪽 모두 자신이 바르고 상대가 잘못되었다고 생각해 버린다. 예를 들면 두 명의 세일즈맨이 각자 발안한 기획안 중 어느 쪽의 기획이 보다 좋은가를 의논하고 있다고 하자. 두 명의 세일즈맨은 모두 자신의 것이 올바르다고 생각한다. 그러나 그 중에서도 자신의 기획의 특징을 보다 강하게 표현하고 라이벌과의 다른 점을 상세하게 설명하지 않으면 경쟁할 수밖에 없는 비즈니스의 사회에서는 우위를 점할 수 없다.

상대와의 다른 점을 명확하게 하는 데는 상대가 왜 그렇게 생각하는가를 파악하는 것이 제일 중요하다.

불리한 상황을 극복하는 오바마 화술

오바마는 라이트 목사 문제를 시초로 해서 몇 번이나 불리한 상황에 놓였었다. 그 때 오바마는 어떻게 그것을 회피했던 것일까?

라이트 목사와의 관계에 관해서 힐러리가 공격하면 라이트 목사가 문제의 발언을 했을 때 그것을 교회에서 들었을 뿐 자신은 직접적인 관여를 하지 않았다고 부정했다. 그리고 힐러리의 발언이 자신과 많은 사람들에게 공격적이라고 반격했다.

오바마는 라이트목사의 발언에 관해서 전부는 알 수 없지만 그 일부를 공격적이라고 받아들인 사람이 있다는 것은 이해하고, 그것을 해명하고 발언에 의해 상처받은 사람들을 달래려고 했다.

한편 라이트 목사가 소속해 있는 교회는 여러 가지 사회 공헌을 해 왔다고 말하고 조금이라도 실추된 이미지 를 회복시키려고 노력했다.

게다가 "괴로움에 짓밟힌 눈동자가 불만을 털어내는 방법으로 총과 종교 또는 호의적이지 않은 사람들에 대한 적대감과 반 이민 감정 거기에 반무역 감정에 집착하는 것은 놀랄 일이 아니다."라고 하는 스스로의 실언에 관해서 힐러리에 공격받기 전에 스스로 언급했다. 상대를 먼저 쳐서 반드시 공격받는 약점을 커버하는 것도 묘안 중의 하나이다. 오바마는 그러한 실언을 정치적으로 이용하는 것은 좋지 않다고 주장하였다. 그리고 옛날 힐러리의 실언에 관해서 알리고 힐러리 자신도 실언을 정치적으로 이용되는 것이 얼마나 좋지 않은가 알고 있을 것이라고 힐러리의 공격을 봉쇄해 버렸다. 실언에 관해서 알리는 것보다 더 큰 문제를 생각해내서 공격을 막으려고 한 것이다.

또 오바마는 과거 대 미래라고 하는 구도를 내세우고 있지만 토론회에서 사회자가 빌 클린턴에 봉사한 경험이 있는 조언자를 고용하고 있는데 어째서 과거와의 결별이라고 말할 수 있냐고 오바마에게 질문을 했다. 그러자 힐러리는 시치미도 떼지 않고 "그것을 알고 싶어요."라고 다그쳤다. 오바마는 "아, 힐러리 당신도 어드바이스를 기대하세요?"라고 먼저 조크를 건넸다. 그리고 오바마는 "9.11이후의 정치가 문제이고 그 이전의 관계자는 좋은 인재가 많이 있었다."라고 토론을 전개했다. 자신에게 있어서 불리한 질문에 대해서도 잊지 않고 조크로 돌리는 정도의 여유를 오바마

상대를 내 편으로 만드는 오바마의 화술

는 보였던 것이다. 그 때 관객이 웃음으로 호응하면 아무래도 시간을 벌 수도 있기 때문이다.

그 외에도 흑인 이슬람교 단체로부터의 지지를 받을지 어떻게 할지 사회자가 오바마에게 곤란한 질문을 했다.

사회자가 이슬람교도의 지지를 거절할지 확실하게 답변하라고 오바마는 이슬람교도의 반 유태적인 코멘트에 대해서는 자신도 비난하고 있다고만 대답했다.

한편 힐러리는 과거에 반 유타적인 조직에서의 지지를 거절했다고 똑똑하게 말했다. 힐러리는 비난과 거절에는 차이가 있다고 오바마의 미온적인 입장을 비판했다. 그에 대해서 오바마는 비난과 거절에는 그다지 차이가 없다고 생각되지만 만약 힐러리가 거절 쪽이 비난보다도 강한 의미라고 말한다면 기꺼이 그것을 인정하고 비난도 거절도 할 것이라고 대답했다.

"예."라고 대답해도 불리하고, "아니오."라고 대답해도 불리할 때에는 말꼬리를 잡히지 않도록 미온적인 태도를 취하는 것도 필요하다.

임기응변의 지혜

　불리한 상황에 더욱더 추궁당하지 않기 위해서는 의식적으로 문제의 본질을 멀리해서 태세를 되돌려야 한다.

　감정적으로 되면 무리하게 반격하게 되고 형세를 역전시킬 수 있는 기회마저 물거품이 된다는 것을 생각하는 것이 현명하다. 전투를 회피하고 게다가 정세가 나쁘게 되면 전략적인 철수를 행하는 것도 승리를 위한 수단의 하나다.

　상대에게는 이겼다고 생각해도 실은 역전의 포석을 줘버리듯 과오를 범할 수 있다. 냉정하게 생각해서 불리한 상황이라고 판단되는 것은 그 문제가 당신의 서투른 분야이기 때문이다. 이것은 거의 틀림없는 사실이다. 그렇다면 싸우는 장소가 잘못된 것이다. 당신이 싸우기 쉬운, 자신 있는 쪽에서 패하여 체면을 잃을 수도 있다. 반대로 당신이 체면을 잃는 모양은 상대에게 승리했다고 생각 들게 만드는 절호의 상황이 되고, 상대의 우위를 인정하는 것처럼 부추김으로써 상대는 쾌감을 느낄 수도 있다. 따라서 당신은 이 문제에서는 상대 쪽이 우세하다는 것을 인정하고 다음 문제로 당신이 자신 있는 분야의 문제로 바꿔서 이 문제에도 상대의 의견을 구하는 것처럼 하는 것이 좋은 방법이다.

상대에게 기분 좋게 승리를 안기고 그 흐름으로 자신의 전문 분야에도 의견을 나눌 수가 있다면 거기부터 반격의 실마리가 되는 것이다.

최후에 도전하는 것도 제한이 있다. 전문분야에서는 그 분야에서 제1인자라고 부르도록 노력을 계속해야 하지만, 약점을 어떻게 극복하느냐에 대해서도 연구를 해야 한다.

전문분야에서 지식과 기술을 습득하는 일에서 속도를 늦출 수 있지만, 불리한 싸움에서 자신에게 불리한 분야를 적게 만드는 것도 사실은 공격적인 수비가 되는 것이다.

또 하나의 대책은 그 분야에서 발군의 실력을 가진 중간간부를 측근으로 영입하는 것이다. 만일 그 중간간부가 지금까지 자신과 라이벌 관계에 있었다 하더라도 실력을 바르게 판단하여 영입하는 것은 좋은 방법이라고 할 수 있다.

강함만으로는 대중을 아군으로 만들 수 없다

　오바마는 토론회의에서 무엇보다 최우선으로 해야 하는 것이 무엇인지 잘 이해하고 있었다.

　오바마가 일관되게 주장하는 중요한 목표는 어디까지나 자신이 대통령 후보로서 뛰어나다는 사실을 관객에게 인상을 심어주는 것이었다.

　오바마는 토론에서 항상 합중국 대통령이라고 하는 말로 끝을 맺었다. 이를 테면, "만일 내가 합중국 대통령이 된다면~" "~ 때문에 합중국 대통령에 입후보했다."는 식으로 끝을 맺는다.

　왜 자신이 힐러리 후보보다 대통령 후보로서 뛰어난가를 반복해서 말한다.

　오바마는 스스로 정책에 관해서는 힐러리와 자신을 근본적으로 차이가 없다고 인정한다. 그러면서 지금 미국이 필요한 것은 미국 국민에게 용기를 심어주고 정치에 참여시켜 인종, 종교, 지역의 벽을 넘어서 변화를 위해 연대를 만들어내자고 호소한다. 그것이 가능한 것은 풀뿌리 운동을 결실지어 물결을 만들어낸 자신밖에 없다고 하는 것이 오바마의 일관된 논리이다. 여기에서 힐러리와의 차이가 뚜렷이 나타나고 있다.

힐러리는 스스로 경험을 정면으로 앞세워 압박해 나갔다. 그러나 그것은 오히려 오바마의 과거와 미래라는 구도에 걸려든 결과만 초래했던 것이다.

토론회에서 반드시 이길 필요는 없다. 1960년 대통령 선거에서 케네디와 닉슨은 TV토론에서 격돌했다. 닉슨은 변론술에 능숙한 인물이었다. 정치자금 의혹으로 부통령 후보의 지위가 위태로울 때 소위 '애견' 론을 이용한 연설로 곤경에서 벗어난 닉슨은 더욱 유명해졌다.

변론에서는 닉슨을 이길 수가 없었다. 그러나 케네디는 대통령 선거에서 닉슨을 이겼다. 그것은 케네디가 시청자에게 좋은 인상을 심어주었기 때문이다. 젊고 시원스러운 후보라고 하는 이미지가 가져다 준 승리였다.

오바마도 토론회에서 이기는 것보다 이미지를 중요시했다.

사회자가 2008년의 포부를 묻자 오바마는 이렇게 대답했다.

"좋은 아버지가 되고 싶다. 그리고 좋은 남편이 되고 싶다."

그리고 그는 두 딸과 함께 크리스마스트리를 사러 갔는데, 워싱턴으로 빨리 돌아가지 않으면 안 되었던 지난날의 체험을 이야기하고, 어린이들의 미래를 생각하면 그런 성의도 가치 있다고 덧붙여 말했다.

또 오바마는 "미국 국민의 진정한 차이를 가져다주기 위해 패배의 공포를 갖지 않도록 나는 나 자신에게 다짐했다."고 말하면서 자신의 어린이에 대한 심정을 말하였다.

오바마는 다른 후보와는 다르게 한 사람의 인간으로 자기 자신에 대한 감정을 솔직하게 말하였다. 이러한 말투는 오바마가 당연히 미국의 장래를 걱정하고 있다는 인상을 시청자에게 느끼게 했다.

여러 토론회에서 승리하는 것은 그런 이미지 덕분으로 이것이 그렇게 중요한 결과가 되고 말았다. 그리하여 '대통령의 역량은 곧 설득력'이라는 유명한 말도 생기게 된 것이다.

설득력이라고 하면 사람들을 흥이 나게 하고 자발적으로 행동하는 힘을 말한다. 상대를 논리로 이기는 힘이 아니라, 눈앞에 있는 상대를 논리로 격파하는 것보다 많은 시청자들에게 좋은 인상을 획득하는 것이 중요하다. 그 때문에 오바마는 조크를 날릴 수 있는 기회를 놓치지 않는다.

또 공공의 장소에서 금연에 관해서는 긍정적이라고 말하는 오바마에게 사회자가 "그러면 당신은 금연에 성공했는가?"하고 질문을 했다. 그러자 오바마는 "물론 알고 있듯이 나에게 최고로 위안이 되는 것은 나의 아내."

라고 답변하여 회의장을 한바탕 웃겼다.

스스로의 신념을 주장하는 부분에 대해서는 자기의 주장을 말하면서도 조크도 잊지 않았다. 격한 토론이 전개되면, 유머를 꺼내어 격한 토론을 진정시킨다.

토론회의에서 시청자들은 논리의 전개만을 쫓고 있는 것만은 아니다. 토론하고 있는 사람의 인간성도 보고 있는 것이다. 그렇기 때문에 좋은 인상을 가져다주는 것을 중요시하고 있는 것이다.

| 인간미의 가치 |

성격이 강렬하고 강하여 사회적으로 성공한 사람들은 왠지 인간미가 없는 사람이 있다. 반대로 성공한 사람들 중에도 누구보다도 부드러운 사람이 있다. 많은 사람들이 존경하고 그런 사람이 되고 싶다고 하는 유형은 분명히 후자일 것이다.

오바마 화술의
기적

THE GREATEST NARRATIVE SKILL OF
BARAK OBAMA WHICH MAKES A MIRACLE

01 행동으로 옮기게 하지 못하는 연설은 무의미하다

화술에서 오바마로부터 배울 점을 정리해 보자.

커뮤니케이션에 있어서 무엇보다도 중요한 것은 상대의 말을 잘 듣는 것이다. 듣는 사람의 기량이 커뮤니케이션의 질을 결정한다고 해도 과언이 아니다.

한편 연설에는 정책의 연설을 해야 하고, 기획은 프레젠테이션에서는 잘 해야 하며, 연설이나 프레젠테이션에서는 전하고 싶은 것을 확실하게 나타내야 한다. 즉 듣는 사람이 그 자리에서 잘 판단할 수 있도록 해야 한다. 그리고 마음이 통하는 에피소드나 분위기를 업그레이드 시키는 조크를 하면 파티에서는 그것만으로도 족하다고 할 수 있다.

그러나 아무리 좋은 말도 행동으로 옮기게 하지 못하면 '알았다' 는 수준에 지나지 않는다.

발표를 들은 후에 청중들의 반응을 살펴보았을 때, "그의 정책은 흥미있는 이야기였다." "간단명료한 기획으로 재미있었다." 라는 반응이 나왔다면 그 연설이나 발표가 나쁘지는 않았지만, 뭔가 일어나기를 기대할 수는 없을 것이다. 연설을 들은 결과 판단하는 재료가 손에 잡혀 '행동으로 옮긴다.'고 하는 액션까지 가야 연설의 목적은 이루어진 것이다.

'뭔가 일어난다.'고 하는 것은 행동한다는 것이다. 즉 '그를 지지한다.' '이 기획을 채용한다.'고 하는 반응을 일으키는 것이다.

연설을 듣고 청중이 행동으로 옮기는 판단을 할 수 없다면 충분한 판단 재료가 제공되지 않았기 때문에 연설에 대해서 신경을 써야 한다. 그럴 경우 자신이 가지고 있는 데이터를 분명하게 제시하여 논리적인 설명을 상세하게 반복해서 보충하면 좋을 것이다.

그런데 그 전에 신경을 써야 하는 중요한 부분이 있다. 그것은 듣는 사람이 듣는 자세가 되어 있는가 하는 것이다.

연설을 이해하기 위해서는 논리적인 판단을 하기 전에 감정적인 판단이 필요하다.

예를 들면 당신이 쇼핑을 하는 경우, 상품에 관해서 상세한 지식이 있어서 잘 설명해주는 판매원과 친근감이 있으며 밝은 웃음으로 대하여 느낌이 좋은 판매원이 있다고 했을 때 당신은 어느 판매원의 상품을 선택하겠는가?

대답은 양쪽 모두 답이다. 왜냐하면 친근감이 있는 판매원으로부터 상품에 대해서 상세하게 설명을 듣고 싶기 때문이다.

누구나 판단할 수 있는 정보를 충분히 얻을 수 있다면 '구입한다.'고 하는 행동으로 옮기는 것이다.

여기에 신경 써야 할 것은 친근감이 있다고 하는 감정적인 판단이 먼저이고, 자세한 설명에 대한 논리적인 판단은 그 다음이라는 사실이다.

다시 말하면 감정적으로 마음이 들지 않는 사람으로부터 어떤 자세한 설명을 듣더라도 그 설명은 '귀에 들어오지 않는다.' 그렇기 때문에 올바른 판단을 할 수 없는 것이다.

만약 계속해서 더 상세하게 설명한다고 하면, 감정적으로 더욱더 싫어지기 때문에 역효과가 발생하고, 더구나 왜 '알았다.'라고 대답하지 않는가에 대해서 더욱 의심을 가지면서 더 많은 설명을 하게 되는 악순환을 반복하게 되기 때문에 더욱 주의가 필요한 것이다.

02 마음을 열지 못하면 대화는 무의미하다

반대로 감정적으로 호감을 갖게 하려면, 설명이 비록 상세하지 않고 논리적이 아니더라도 '구입한다.'는 행동으로 옮기는 경우가 있다.

예를 들면, 세일즈 계에 첫발을 들여 놓은 초보 세일즈맨이 뜻밖에 좋은 성적을 올리는 경우가 있다. 세일즈 지식은 비록 없지만 행동이 주도면밀하고 젊은데다가 항상 부드러운 미소를 잃지 않는 그에게 많은 사람들이 도와주기 때문이다. 베테랑 세일즈맨 일부에게서 볼 수 있는 기죽은 듯한 모습과 억지웃음, 그리고 지나치게 정중한 척하는 사람들을 만났을 때에 사람들의 마음은 분명 닫쳐버리고 마는 것이다.

마찬가지로 청중이 마음을 열어서 연설을 듣는 자세를 하지 않으면 메시지는 전달되지 않는다.

그러면 감정적으로 좋고 나쁨에 어떤 요소가 영향을 끼치는 것일까?

그것은 복장, 행동, 그리고 말씨에 이르기까지 많은 요소와 관계되어 있으며, 좋은 감정을 얻기 위해서는 여러 가지 준비가 필요하다.

오바마의 경우에는 최초의 감각적인 저항을 느끼게 한 것은 그가 흑인이라는 점이다. 현재 미국 내의 인종차별 정도가 어느 정도인지 이방인인 필자로서는 알 수 없지만, 인종차별이 완전히 근절되었다고 말할 수는 없을 것이다.

백인이 정치적인 활동을 하려는 흑인 운동가들로부터 느끼는 감정을 말한다면, 좀 과장이라고 말할 수는 있을지 모르나 '공포감'에 가까운 것이 아닐까?

그런데 오바마에게는 그런 것이 느껴지지 않는다. 여기서 감각적인 것에 대해서 말하면, 항상 웃는 얼굴로 사람들을 대하는 그의 표정과 행동은 누구보다도 신사적이고 부드러우면서 강한 이미지를 나타내고 있기 때문이다. 이것은 그러한 이미지를 심어온 전략이 효과를 본 부분이 많기 때문일 수도 있다.

비즈니스에서 매너의 영향이 크게 작용한다. 눈에 띄는 것은 역시 복장, 소지품, 행동 등이 있고, 말투에 있어서 가급적 전문 용어는 사용하지 않으며, 애매한 표현도 하지 않으며, 동일 업종의 타사를 비난하지 않는 등이 여기에 해당되는 것이다.

비즈니스에 종사하는 사람들이 이런 것들을 경시하는 경향이 있지만, 이런 것들에 주의하지 않으면 모든 사람들로부터 기피하는 사람이 될 가능성을 부인할 수 없다.

매너는 상대에 대한 배려이기 때문에 매너가 갖추어지지 않으면, 비즈니스에서 매너가 없는 무례한 행동을 하게 되는 것이다.

한 세일즈맨이 어느 회사를 방문하여 자사 제품을 소개하던 중 무심코 경쟁 회사의 제품에 대해서 흉을 보기 시작했다. 그런데 운 나쁘게도 사장의 친척 되는 분이 자신 앞에서 비판하고 있는 그 회사의 세일즈맨으로 활동하고 있으며, 게다가 얼마 전에 그 회사 제품을 구입한 일이 있는 사실을 모르는 이 세일즈맨은 입에 거품을 내면서 좋지 않은 얘기를 하고 있었던 것이다. 사장은 불쾌한 마음을 감출 수 없었음은 물론이다.

| 비판의 예의 |

사람과 사람은 어디에서 어떻게 연결될지 어느 누구도 알 수 없는 것이다. 따라서 비판을 한다면 본인 앞에서 해야 한다.

선거에서는 후보자간에 서로 인신공격을 하지 말고 서로 의견을 정면에서 토론하는 공개 토론을 할 때 국민 모두가 알기 쉬운 것이다.

반대로 상대가 없는 곳에서 비판하면 할수록 인간성을 의심받게 된다.

앞에서 예로 언급한 중소기업의 사장의 경우 연고보다 경영상의 효율을 중시하는 방침이므로 보다 비용이 절감되고 성능도 우수한 제품을 구입하고 싶은 것이다. 따라서 이런 사장에게 판매하고자 할 때에는 조금이라도 더 좋은 제품을 제시하여 납득할 수 있도록 필사적으로 설명하지 않으면 실패하고 만다.

그 세일즈맨이 지불한 대가는 아마도 컸을 것이다. 일류 세일즈맨으로 상대방을 배려하는 마음이 없으면 성공할 수 없는 것이다. 일에 대한 열의는 그 제품에 대하여 설명할 때에 나타나는 법이다. 어째서 이 일에 열정을 기울이는가? 그 이유가 명확하고 설득력이 높으면 높을수록 공감을 얻을 수 있다.

또 보다 많은 돈을 벌기 위해서 일을 하고 있다고 하더라도 설득력이 부족하면 공감을 얻을 수 없다. 고객이 세일즈맨의 말을 한 번 들어보자는 정도에까지 이르게 하기 위해서는 열의가 무엇보다도 필요하다. 열의가 본심임이 정확히 전달되면 상대는 최초의 감정의 문을 열게 될 것이다.

버락 오바마 대통령
취임 연설문

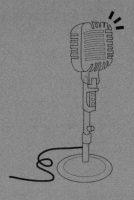

THE GREATEST NARRATIVE SKILL OF
BARAK OBAMA WHICH MAKES A MIRACLE

My fellow citizens :

I stand here today humbled by the task before us, grateful for the trust you have bestowed, mindful of the sacrifices borne by our ancestors. I thank President Bush for his service to our nation, as well as the generosity and co-operation he has shown throughout this transition.

Forty-four Americans have now taken the presidential oath. The words have been spoken during rising tides of prosperity and the still waters of peace. Yet, every so often the oath is taken amidst gathering clouds and raging storms. At these moments, America has carried on not simply because of the skill or vision of those in high office, but because We the People have reminded faithful to the ideals of our forbearers, and true to our founding documents. So it has been. So it must be with this generation of Americans.

That we are in the midst of crisis is now well understand. Our nation is at war, against a far-reaching network of violence and hatred. Our economy is badly weakened, a consequence of greed and irresponsibility on the part of some, but also our collective failure to

친애하는 국민 여러분 :

저는 오늘 우리 앞에 놓인 과제 앞에 겸허한 자세로, 여러분이 보내주신 신뢰에 감사하며, 우리의 조상이 감수한 희생을 잊지 않으면서, 이 자리에 섰습니다. 저는 부시 대통령께서 이번 정권 인수인계 과정에서 보여주신 관대함과 협조에 대해서 감사할 뿐만 아니라, 우리나라를 위해 봉사하신 것에 대해 감사드립니다.

(방금 제가 선서를 마침으로써) 이제 44명의 대통령이 선서를 했습니다. 번영의 상승기에 그리고 고요한 바다와 같이 평화로운 시기에 선서를 한 적도 있었습니다. 그러나 구름이 몰려들고 맹렬한 폭풍우가 기세를 부리는 상황 속에서 선서를 한 때가 매우 많았습니다. 이러한 시련을 겪으면서 미국은 전진해 왔습니다. 그것은 고위직에 있는 사람들의 기술과 비전 때문만 아니라, 우리 국민이 조상의 이상에 충실하며 건국문서의 이념을 성실히 따랐기 때문입니다. 지금까지 그래왔고 우리 세대도 그래야 합니다.

지금 위기의 와중에 있다는 것을 우리는 잘 알고 있습니다. 우리는 저 멀리 세계 곳곳에서 폭력과 증오와 싸우고 있습니다. 우리의 경제는 대단히 약해졌습니다. 이것은 일부의 탐욕과 무책임의 결과일 뿐만 아니라, 우리가 엄격한 선택을 해 새로운 시대의 국가를 준비하는 데 총체적으로 실패한 결과입니다. 가정을

버락 오바마 대통령 취임 연설문

make hard choices and prepare the nation for a new age. Homes have been lost; jobs shed; businesses shuttered. Our health care is too costly; our schools fail too many; and each day brings further evidence that the ways we use energy strengthen our adversaries and threaten our planet.

These are the indicators of crisis, subject to data and statistics. Less measurable but no less profound is a sapping of confidence across our land a nagging fear that America's decline is inevitable, and that the next generation must lower its sights. Today I say to you that the challenges we face are real. They are serious and they are many. They will not be met easily or in a short span of time. But know this, America they will be met.

On this day, we gather because we have chosen hope over fear, unity of purpose over conflict and discord. On this day, we come to proclaim an end to the petty grievances and false promises, the recriminations and worn-out dogmas, that for far too long have strangled our politics.

잃었습니다. 직장과 결별했습니다. 기업은 문을 닫았습니다. 건강치료비는 너무 비쌉니다. 학교는 너무 많은 사람의 기대를 저버렸습니다. 우리의 에너지 사용 방식이 내성을 키우고 지구를 위협하고 있다는 증거들이 매일같이 속출하고 있습니다.

이것들은 자료와 통계에 따른 위기의 지표입니다. 이 지표처럼 수치로 계량할 수는 없지만, 이 위기만큼이나 심각한 것이 있는데, 그것은 바로 미국 전역에 걸친 자신감의 약화입니다. 미국은 쇠락을 피할 수 없을 것이라는 점과 다음 세대는 눈높이를 낮추어야 한다는 초조와 두려움 말입니다. 오늘 저는 여러분에게 우리가 직면한 도전들을 실제상황이라는 것을 말씀드립니다. 이 도전들은 심각하며, 한두 가지가 아닙니다. 이 도전들은 쉽게 또는 짧은 기간에 끝나지 않을 것입니다. 그러나 미국은 이 도전에 대응할 것이라는 것을 알아야 합니다.

오늘 우리는 공포보다는 희망을, 갈등과 불화보다는 공동목표를 선택했기 때문에 모였습니다. 오늘 우리는 오랫동안 우리의 정치를 질식시켜 왔던 사소한 불만과 거짓 약속, 이전투구, 낡은 독단에 종지부를 찍기 위해 모였습니다.

We remain a young nation, but in the words of Scripture, the time has come to set aside childish things. The time has come to reaffirm our enduring spirit; to choose our better history; to carry forward that precious gift, that noble idea, passed on from generation to generation: the God-given promise that all are equal, all are free, and all deserve a chance to pursue their full measure of happiness.

In reaffirming the greatness of our nation, we understand that greatness is never a given. It must be earned. Our journey has never been one of shortcuts or settling for less. It has not been the path for the faint-hearted? for those who prefer leisure over work, or seek only the pleas-ures of riches and fame. Rather, it has been the risk-takers, the doers, the makers of things? some celebrated but more often men and women obscure in their labour, who have carried us up the long, rugged path towards prosperity and freedom.

For us, they packed up their few worldly possessions and travelled across oceans in search of a new life. For us, they toiled in sweatshops

우리나라는 여전히 젊은 나라입니다. 그러나 성경에 있는 말씀처럼 이제는 유치한 짓을 집어치워야 할 때가 되었습니다. 우리의 인내심을 다시 확일할 때가 되었습니다. 더 나은 역사를 선택할 때가 되었습니다. 소중한 선물, 즉 면면이 이어져 온 고귀한 이상을 다음 세대에게 넘겨줄 때가 되었습니다. 만인은 평등하고 자유로우며, 모두가 행복을 듬뿍 추구할 기회를 가질 자격이 있다는 천부의 약속 말입니다.

우리나라의 위대함을 다시 확인하면서, 위대함은 결코 거저 주어진 것이 아니라는 것을 우리는 알고 있습니다. 위대함이란 노력해서 얻어야 합니다. 우리의 여정은 여러 지름길 중 하나를 걸어오거나, 아쉽지만 안주하는 그런 여정이 아니었습니다. 나약한 자의 길도 아니었습니다. 일보다는 여가를 선호하거나, 부와 명예를 탐닉하는 소심한 자들의 길도 결단코 아니었습니다. 오히려 그 길은 위험을 무릅쓴 사람들, 행하는 사람들, 뭔가를 만들어 내는 사람들의 길이었습니다. 이들 중에는 유명한 사람들도 있지만, 대다수는 묵묵히 일한 사람들이었습니다. 이들은 번영과 자유를 향한 길고 험난한 길에서 우리를 인도하였습니다.

우리를 위해, 그들은 얼마 안되는 세간을 꾸려 새로운 삶을 찾아 대양을 건넜습니다. 우리를 위해, 그들은 땀 흘려 일해 서부에 정착했습니다. 그들은 채찍질을 감

and settled the West; endured the lash of the whip and plowed the hard earth. For us, they fought and died, in places like Concord and Gettysburg; Normandy and Khe Sahn.

Time and again these men and women struggled and sacrificed and worked till ther hands were raw so that we might live a better life. They saw America as bigger than the sum of our individual ambitions; greater than all the differences of birth or wealth or faction.

This is the journey we continue today. We remain the most prosperous, powerful nation on Earth. Our workers are no less productive than when this crisis began. Our minds are no less inventive, our goods and services no less needed than they were last week or last month or last year. Our capacity remains undiminished. But our time of standing pat, of protecting narrow interests and putting off unpleasant decisions? that time has surely passed. Starting today, we must pick ourselves up, dust ourselves off, and begin again the work of remaking America.

내하며 황야를 일궜습니다. 우리를 위해, 그들은 싸웠고, 콩코드(매사추세츠주 동부의 마을로 독립전쟁의 시발이 된 곳)와 게티스버그 그리고 노르망디와 케산(베트남) 같은 곳에서 목숨을 바쳤습니다.

되풀이하여 이분들은 남녀 할 것 없이 더 나은 삶을 살기 위해 손의 살갗이 벗겨질 때까지 일하며 희생했습니다. 그들은 각각 개인의 야망보다 미국을 우선시했으며, 태생 빈부 파벌의 차이보다 미국을 우선시했습니다.

이것이 오늘날 우리가 계속 가고 있는 여정입니다. 우리는 여전히 지구상에서 가장 부유하고 가장 강한 나라입니다. 우리의 근로자들은 이번 위기가 시작됐을 때와 마찬가지로, 우리의 정신은 창의적이며, 사람들은 우리의 재화와 용역을 필요로 하고 있습니다. 우리의 수용능력은 줄어들지 않았습니다. 하지만 의견을 고집하거나 편협한 이익을 보호하거나 달갑지 않은 결정을 미루는 그런 시기는 분명히 지나갔습니다. 오늘 우리는 새롭게 출발하면서, 스스로를 추스르고, 먼지를 털어내고, 미국을 재건하는 일을 다시 시작해야 합니다.

For everywhere we look, there is work to be done. The state of the economy calls for action, bold and swift, and we will act? not only to create new jobs, but to lay a new foundation for growth. We will build the roads and bridges, the electric grids and digital lines that feed our commerce and bind us together. We will restore science to its rightful place, and wield technology's wonders to raise health care's qualify and lower its cost. We will harness the sun, and the winds and the soil to fuel our cars and run our factories. And we will transform our schools and colleges and universities meet the demands of a new age. All this we can do. And all this we will do.

Now, there are some who question the scale of our ambitions? who suggest that our system cannot tolerate too many big plans. Their memories are short. For they have forgotten what this country has already done; what free men and women can achieve when imagination is joined to common purpose, and necessity to courage.

What the cynics fail to understand is that the ground has shifted beneath them? that the stale political arguments that have consumed us

세기적인 기적을 만든 오바마 화술

눈에 보이는 곳마다 해야 할 일이 있습니다. 경제 상황은 대담하고 신속한 조치를 요구하고 있습니다. 새로운 일자리를 창출하고 새로운 성장을 위한 기반을 마련하기 위해서 조치를 취할 것입니다. 도로와 교량, 전력망과 디지털 통신망을 건설할 것입니다. 이것들은 우리의 교역을 촉진하고 우리를 결속시킬 것입니다. 우리는 과학을 제자리로 돌려놓을 것입니다. 우리는 신기술을 활용해 건강관리 질을 향상시키는 반면 비용은 낮출 것입니다. 우리는 태양·바람·흙을 이용해 자동차에 연료를 제공하고 공장을 가동할 것입니다. 우리는 학교와 대학을 개혁해 새 시대의 요구에 부응할 것입니다. 이러한 모든 것을 우리는 할 수 있습니다. 그리고 할 것입니다.

그런데 우리의 체제로는 너무 많은 큰 계획을 감당할 수 없다고 말하면서, 우리의 야심찬 계획에 의문을 제기하는 사람들이 있습니다. 그들은 기억력이 좋지 않아서 그런 것입니다. 그들은 이 나라가 이미 이룩한 업적을 잊어버렸습니다. 상상력이 공동목표와 결합될 때, 그리고 필요가 용기와 결합했을 때, 자유인이 무엇을 성취할 수 있는지를 잊어버렸기 때문입니다.

냉소주의자들이 이해하지 못하는 것은 그들을 받치고 있는 바탕이 변했다는 점입니다. 다시 말해서 우리를 오랫동안 소진시켜 온 케케묵은 정치적 논쟁은 더 이상

버락 오바마 대통령 취임 연설문

for so long no longer apply. The question we ask today is not whether our government is too big or too small, but whether it works? whether it helps families find jobs at a decent wage, care they can afford, a retire-ment that is dignified. Where the answer is yes, we intend to move for-ward. Where the answer is no, programs will end. And those of us who manage the public's dollars will be held to account? to spend wisely, reform bad habits, and do our business in the light of day? because only then can we restore the vital trust between a people and their govern-ment.

Nor is the question before us whether the market is a force for good or ill. Its power to generate wealth and expand freedom is unmatched, but this crisis has reminded us that without a watchful eye, the market can spin out of control? and that a natioa cannot prosper long when it favours only the prosperous. The success of our economy has always depended not just on the size of our gross domestic product, but On the reach of our prosperity; on our ability to extend opportunity to every willing heart? not out of charity, but because it is the surest route to our common good.

적용되지 않는다는 것입니다. 우리가 오늘 던지는 질문은 우리의 정부가 너무 큰 정부냐 작은 정부냐의 문제가 아니라, 정부가 제대로 기능을 하고 있느냐 하는 문제입니다. 즉 각 가족이 일정수준의 임금을 받으며, 보장을 받으며, 품위 있는 은퇴 생활을 보장하는 직장을 얻는 데 도움을 주느냐의 문제입니다. 답이 '예'이면 우리는 전진합니다. 답이 '아니오'이면 프로그램은 끝장납니다. 공적자금을 관리하는 공무원들에게 책임감을 부여하여, 자금을 현명하게 지출하고, 악습을 개혁하고, 일을 냉철하게 처리토록 할 것입니다. 그렇게 해야만 비로소 국민과 정부 사이에 생생한 신뢰가 회복될 수 있기 때문입니다.

또한 우리 앞에 놓여 있는 문제는 시장이 선을 위한 세력인지 악을 위한 세력인지에 관한 것이 아니라는 점입니다. 부를 창출하고 자유를 확산시키는 시장의 힘은 비길 데 없이 큽니다. 하지만 이번 위기를 통해, 감시의 눈이 없으면 시장이 통제 불능 상태가 될 수 있다는 것을, 그리고 국가가 부유층에게만 호의를 베풀면 오래 번영할 수 없다는 사실을 깨닫게 되었습니다. 우리 경제의 성공은 국내총생산액의 크기뿐만 아니라 부가 미치는 범위에도 달려 있습니다. 즉 기회를 모든 의욕적인 사람들에게 확대하는 능력에 달려 있습니다. 자선에서가 아니라 그것이 우리의 공공 복지에 이르는 가장 확실한 길이기 때문입니다.

As for our cemmon defence, we reject as false the choice between our safety and our ideals. Our founding Fathers, faced with perils we can scarcely imagine, drafted a charter to assure the rule of law and the rights of man, a charter expanded by the blood of generations. Those ideals still light the world, and we will not give them up for expedience's sake. And so to all other peoples and governments who are watching today, from the grandest capitals to the small village where my father was born: know that America is a friend of each nation and every man, woman and child who seeke a future of peace and dignity, and that we are ready to lead once more.

Recall that earlier generation faced dowh fascism and communism not just with missiles and tanks, but with sturdy alliances and enduring convictions. They understood that our power alone cannot protect us, nor does it entitle us te do as we please. Instead, they knew that our power grows through its prudent use; our security emanates from the justness of our cause, the force of our example, the tempering qualities of humility and restraint.

우리의 공공방어에 대하여 말씀드리겠습니다. 안전과 이상 중에서 한 가지만을 선택하는 것은 잘못이므로 이를 거부합니다. 우리가 거의 상상할 수도 없는 시련에 직면했던 건국의 아버지들은 법률과 인권을 보장하는 헌장(독립선언서)을 기초했으며 이 헌장은 여러 세대를 거치면서 흘린 피의 대가로 신장되었습니다. 이 이상은 여전히 세상을 비추고 있으며 우리라는 편의를 위해 포기하지 않을 것입니다. 그래서 커다란 수도로부터 나의 아버지가 태어난 조그만 마을에 이르기까지 오늘 이 자리를 지켜보고 있는 모든 다른 국민과 정부에 말합니다. 이국은 평화와 존엄의 미래를 추구하는 모든 나라와 남녀노소의 친구라는 점과, 미국이 다시 한 번 앞장서 나아갈 준비가 되어 있다는 점을 알아야 합니다.

우리 이전 세대들은 미사일과 탱크가 아니라 견고한 동맹과 지속적 확신으로 파시즘과 공산주의를 제압했던 사실을 회상합시다. 그들은 힘만으로 우리를 보호할 수 없다는 것을, 또한 힘만으로는 우리가 원하는 대로 할 수 없다는 점을 이해하고 있었던 것입니다. 대신 그들은 우리가 힘을 신중히 사용함으로써 힘이 더 커진다는 사실과, 우리의 안보는 명분의 정당성, 본보기로 보여주는 힘, 겸손한 자제력으로부터 신장된다는 사실을 알고 있었던 것입니다.

버락 오바마 대통령 취임 연설문

We are the keepers of this legacy. Guided by these principles once more, we can meet those new threats that demand even greater effort? even greater co-operation and understanding between nations. We will begin to responsibly leave Iraq to its people, and forge a hard-earned peace in Afghanistan.With old friend and former foes, we will work tirelessly to lessen the nuclear threat, and roll back the spectre of a warming planet. We will not apologize for our way of life, nor will we waver in its defence, and for those who seek to advance their aims by inducing terror and slaughtering innocents, we say to you now that our spirit is stronger and cannot be broken; you cannot outlast us, and we will defeat you.

For we know that our patchwork heritage is a strength, not a weakness. We are a nation of Christians and Muslims, Jews and Hindus? and non-believers. We are shaped by every language and culture, drawn from every end of this Earth; and because we have tasted the bitter swill of civil war and segregation, and emerged from that dark chapter stronger and more united, we cannot help but believe that the old

우리는 이러한 유산의 파수꾼입니다. 우리가 다시 한 번 이런 원칙을 따르면, 새로운 위협에 대처해 나갈 수 있을 것입니다. 새로운 위협은 훨씬 더 많은 노력, 즉 국가와 국가 간의 훨씬 더 많은 협력과 이해를 필요로 합니다. 우리는 분명히 이라크를 그들의 국민에게 넘겨주기 시작할 것이며, 어렵게 얻은 아프가니스탄의 평화를 계속 유지하기 위한 계획도 세우기 시작할 것입니다. 우리는 오랜 우방 그리고 과거의 적과 함께, 핵 위험을 줄이고 지구 온난화의 공포를 몰아내기 위해 꾸준히 노력할 것입니다. 우리는 우리의 생존 방식에 대해 변명하지 않을 것이고, 이를 지켜나가는 데 망설임이 없을 것입니다. 공포를 야기하고 무고한 시민을 살해함으로써 자신들의 목적을 달성하려고 하는 자들에게 말합니다. 우리의 정신력은 그들보다 더 강하기 때문에 꺾일 수 없을 것이며, 그들은 우리보다 더 오래 견딜 수 없기애 결국 우리가 그들을 이길 것이라고 말입니다.

여러 문화가 합쳐진 미국의 특성은 약점이 아니라 강점이기 때문입니다. 우리는 기독교도, 회교도, 유대교도, 힌두교도 그리고 무신론자들로 이루어진 국가입니다. 우리는 이 지구의 곳곳에서 유입된 온갖 언어와 문화로 이루어진 나라입니다. 우리는 남북전쟁과 인종차별의 쓰라림을 맛보았으며, 강하게 단결해 어두운 시절을 헤쳐 나온 경험이 있기 때문에, 과거의 증오는 언젠가 사라지리라는 것을, 부족의 혈통이 사라질 것임을, 세계가 점점 작아짐에 따라 공동의 인간애가 실현될 것임을,

hatreds shall someday pass; that the lines of tribe shall soon dissolve; that as world grows smaller, our comnon humanity shall reveal itself; and that America must play its role in ushering in a new era of peace.

To the Muslim world, we seek a new way forward, based on mutual interest and mutual respect. To those leaders around the globe who seek to sow conflict, or blame their society's ills on the West? know that your people will judge you on what you can build, not what you destroy. To those who cling to power through corruption and deceit and the silencing of dissent, know that you are on the wrong side of history; but that we will extend a hand if you are willing to unclench your fist.

To the people of poor nations, we pledge to work alongside you to make your farms flourish and let clean waters flow; to nourish starved bodies and feed hungry minds. And to those nations like ours that enjoy relative plenty, we say we can no longer afford indifference to suffering outside our borders; nor can we consume the world's resources without

그리고 미국은 새로운 평화시대를 여는 역할을 반드시 할 것임을 믿어 의심치 않습니다.

이슬람 세계에 대해 말합니다. 우리는 상호 이익과 상호존중에 기반을 둔 새로운 길을 모색하고 있습니다. 갈등의 싸앗을 뿌리려고 하거나 사회의 병폐를 서방에 뒤집어씌우려고 하는 전세계의 지도자들에게 말합니다. 여러분의 국민은 여러분이 파괴한 것이 아닌, 여러분이 건설한 것을 기초로 여러분을 판단할 것이라는 사실을 알아야 합니다. 부패와 속임수 그리고 반대자들에게 재갈을 물려 권력을 유지하는 자들에게 말합니다. 그대들이 역사의 그릇된 쪽에 서 있다는 사실을 알아야 합니다. 그럼에도 그대들이 주먹을 펴고 철권통치를 자발적으로 포기하려고 한다면 우리는 기꺼이 손을 내밀 것이란 사실을 알아야 합니다.

가난한 나라의 국민에게 우리는 당신들의 농장을 번영케 하고 깨끗한 물이 흐르게 하며 굶어 죽어가는 사람들에게 양분을 공급하고, 허기진 사람들에게 먹을 것을 주기 위해 당신들과 나란히 일하겠다고 약속합니다. 그리고 우리처럼 비교적 부유한 나라에 말합니다. 우리는 더 이상 우리 국경 밖에서 고통받고 있는 사람들에 대해 무관심하지 않을 것이며, 더 이상 결과에 대한 고려 없이 세계의 자

regard to effect. For the world has changed, and we must change with it.

As we consider the road that unfolds before us, we remember with humble gratitude those brave Amerians who, at this very hour, patrol far-off deserts and distant mountains. They have something to tell us today, just as the fallen heroes who lie in Arlington whisper through the ages.

We honour them not only because they are guardians of our liberty, but because they embody the spirit of service; a willingness to find meaning in something greater than themselves. And yet, at this moment? a moment that will define a generation? it is precisely this spirit that must inhabit us all.

For as much as government can do and must do, it is ultimately the faith and determination of the American people upon which this nation relies. It is the kindness to take in a stranger when the levees break, the selflessness of workers who would rather cut their hours than see a

세기적인 기적을 만든 오바마 화술

원을 낭비하지 않을 것입니다. 세계는 변했고, 이에 맞춰 우리도 변해야 하기 때문입니다.

우리가 앞으로 나아가야 할 장도를 생각하면서, 우리는 겸손한 마음으로, 바로 이 순간 멀리 떨어져 있는 사막과 산악속에서 순찰 중인 용감한 미국인들을 기억합시다. 오랜 세월 동안 알링턴 국립묘지에 잠들어 있는 영웅들이 속삭이듯, 이들도 오늘 우리에게 말할 것이 있을 것입니다.

우리는 그들을 존경합니다. 그들은 우리의 자유를 수호하는 사람들일뿐만 아니라 봉사정신, 즉 자기 자신들을 뛰어넘은 더 위대한 것에서 스스로 의미를 찾는 자발적 의지를 몸소 구현하고 있기 때문입니다. 게다가 한 세대를 규정하는 이 순간에, 우리 모두가 가져야 할 것이 있다면, 그것은 바로 이 봉사정신입니다.

정부가 최대한으로 일을 할 수 있고, 해야만 하기 위해서, 우리나라가 기댈 수 있는 것은 궁극적으로 미국 국민의 신뢰와 결단입니다. 우리가 이 힘든 시기를 벗어나려면, 재방이 무너졌을 때 생전 처음 보는 사람을 받아들이는 친절, 친구가 직장을 잃기보다는 자신의 근로시간을 줄이려고 하는 사심없는 마음이 필요합니다. 결

friend lose their job which sees us through our darkest hours. It is the fire-fighter's courage to storm a stairway filled with smoke, but also a parent's willingness to nurture a child, that finally decides our fate.

Our challenges may be new. The instruments with which we meet them may be new. But those values upon which our success depends? hard work and honesty, courage and fair play, tolerance and curiosity, loyalty and patriotism? these things are old. These things are true. They have been the quiet force of progress throughout our history. What is demanded then is a return to these truths. What is required of us now is a new era of responsibility? a recognition, on the part of every American, that we have duties to ourselves, our nation and the world, duties that we do not grudgingly accept but rather seize gladly, firm in the knowledge that there is nothing so satisfying to the spirit, so defining of our character, than giving our all to a difficult task.

This is the price and the promise of citizenship. This is the source of our confidence? the knowledge that God calls on us to shape an uncer-

국 우리의 운명을 결정짓는 것은 계단에 꽉 찬 연기를 뚫고 돌진하는 소방관의 용기, 그리고 아이를 키우는 부모의 헌신적 마음입니다.

우리에게 새로운 도전이 닥치고 있습니다. 도전에 응하는 방편도 새로워져야 합니다. 성공을 담보하는 덕목은 노력 · 공정 · 인내 · 호기심 · 충성 · 애국심입니다. 이러한 것들은 검증된 것이며, 틀림없는 것입니다. 이러한 덕목은 우리의 역사를 통틀어 전진의 조용한 힘이 되어 왔습니다. 이번에 요구되는 것도 이러한 진리로 되돌아가는 것입니다. 지금 우리에게 요구된 것은 새로운 책임의 시대라는 것입니다. 우리 모든 미국인이 우리 자신, 우리 국가, 전세계에 대해 임무를 갖고 있다는 것을 인지하는 것입니다. 이 임무란 우리가 마지못해 받아들이는 임무가 아니라, 어려운 책무에 우리의 모든 덕을 맡기기보다는 차라리 우리의 정신을 만족시키고 우리의 품성을 정의하는 데 비견할 만한 것이 없다는 인식을 갖고서 기꺼이 그리고 단호히 받아들이는 그런 의무를 말합니다.

이것은 바로 시민권에 대한 대가이자 약속입니다. 이것이 바로 우리가 갖는 확신의 원천입니다. 이것은 신이 우리에게 미정의 운명을 구체화해 나가기를 요구하고

tain destiny. This is the meaning of our liberty and our creed? why men, and women and children of every race and every faith can join in celebration across this magnificent mall, and why a man whose father less than sixty years ago might not have been served at a local restaurant can now stand before you to take a most sacred oath.

So let us mark this day with remembrance, of who we are and how far we have travelled. In the year of America's birth, in the coldest of months, a small band of patriots huddled by dying campfires on the shores of an icy river. The capital was abandoned. The enemy was advancing. The snow was stained with blood. At a moment when the outcome of our revolution was most in doubt, the father of our nation ordered these words be read to the people: "let it be told to the future world... that in the depth of winter, when nothing but hope and virtue could survive... that the city and the country, alarmed at one common danger, came forth to meet[it]."

세기적인 기적을 만든 오바마 화술

있음을 우리가 인식하는 것을 의미합니다. 이것이 우리의 자유와 우리의 신념의 의미입니다. 이것은 모든 민족과 모든 신앙의 남녀노소가 이 장대한 행사장의 축전에 참여할 수 있다는 이유입니다. 이것이 60년 전 동네 식당에 들어갈 수 없었던 아버지를 둔 제가 이제는 여러분 앞에 서서 선서를 하게 된 이유입니다.

이제 우리는 우리가 누구이며 우리가 얼마나 먼 길을 여행해 왔는지를 기억하며 오늘을 표시해 둡시다. 미국이 탄생한 해에, 가장 추웠던 몇 달 동안 애국자들이 무리지어 얼어붙은 강변의 꺼져가는 모닥불 옆에서 작전회의를 했습니다. 수도는 포기했고, 적은 전진하고 있었습니다. 눈은 피로 물들었습니다. 독립될 가망이 거의 희미했을 때 건국의 아버지들은 다음 글을 국민에게 읽어주라고 했습니다. "오직 희망과 미덕만이 살아남을 수 있었던 한겨울에 하나의 공공의 위험에 놀란 도시와 농촌이 모두 위험에 맞서기 위해 나섰다는 것을 미래의 세대에게 들려주도록 합시다."

America. In the face of our common dangers, in this winter of our hardship, let us remember these timeless words. With hope and virtue, let us brave once more the icy currents, and endure what storms may come. Let it be said by our children's children that when we were tested, we refused to let this journey end, that we did not turn back nor did we falter; and with eyes fixed on the horizon and God's grace upon us, we carried forth that great gift of freedom and delivered it safely to future generations. Thank you, God bless you, God bless the United States of America.

미국 국민 여러분, 공공의 위험에 직면해, 이 시련의 겨울에 이 불멸의 구절을 기억합시다. 희망과 미덕으로 얼음처럼 차가운 조류를 다시 한 번 용감히 헤쳐 나갑시다. 어떤 폭풍우가 올지라도 견뎌나갑시다. 우리가 시련을 겪었을 때, 우리는 이 여정을 포기하기를 거부했다는 것을, 우리는 되돌아가거나 흔들리지 않았다는 것을 우리의 어린이의 어린이들이 말하도록 합시다. 지평선을 응시하고 신의 은총과 함께 자유라는 위대한 선물을 실어 날라 미래 세대에게 안전히 전달했다고 말할 수 있게 합시다. 감사합니다. 여러분에게 신의 은총이 있기를 바랍니다. 미국에 신의 은총이 있기를 바랍니다.

버락 오바마 대통령 취임 연설문

버락 오바마
연대기

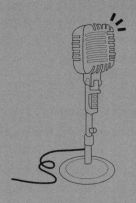

THE GREATEST NARRATIVE SKILL OF
BARAK OBAMA WHICH MAKES A MIRACLE

오바마 연대기

1964년	하와이에서 케냐 출신 아버지 버락 오바마와 미국 캔자스 출신 어머니 사이에서 태어났다. 두 사람은 당시 하와이대 학생으로 학생커플이었다.
1966년	오바마가 두 살 때에 아버지가 하바드 대학으로 떠났고 부모 이혼하다.
1970년	그의 어머니가 인도네시아 출신 남자와 재혼, 6살 때부터 어머니 따라 인도네시아에서 생활. 이 곳에서 생활하면서 어린 오바마는 빈부의 격차를 피부로 느끼게 되었다.
1978년	하와이로 와서 유명사립학교인 포나후 아카데미에 다녔다. 이 당시 인종적 정체성에 혼란을 겪다. 친구들로부터 흑인 취급을 받아 마약에 손을 대다.
1979년	하와이를 떠나 로스앤젤레스로 이주, 옥시덴탈 대학에 입학, 정치 활동에 적극 참여
1981년	뉴욕의 컬럼비아대학으로 옮겨 정치학 전공
1982년	아버지가 케냐에서 교통사고로 사망

1983년	컬럼비아대학 졸업
1985년	시카고로 옮기다. 지역사회운동에 참여
1989년	시카고를 떠나 하버드 대학 로스쿨에 진학,흑인 최초로 권위 있는 학술지 〈하버드 로 리뷰〉 편집장으로 활약
1990년	여름방학 동안 시들리 & 오스틴 법률사무소의 인턴시절에 만난 미셸 로빈슨과 결혼
1991년	지역사회 활동에 적극 참여
1992년	빈민들을 위해 시카코에서 변호사로 활동을 개시
1992년	15만 명의 흑인들이 새로 선거명부에 등록할 수 있게 한 유권자 운동 '프로젝트 한 표'를 벌여 빌 클린턴이 일리노이 주에서 승리할 수 있게 하다.
1995년	자서전 〈나의 꿈〉을 출간
1996년	상원의원에 출마하면서 선거정치에 발을 들여놓다. 시카고 남부지역에 있는 13구역에서 선출되다.

세기적인 기적을 만든 오바마 화술

1998년	상원의원 재선에 성공
2000년	연방하의원 예비선거에서 참패
2002년	단독 출마 당선되다
2004년	일리노이 주 상원에서 당선, 민주당 전당대회에서 실시한 기조연설로 전국의 주목을 받다.
2006년	〈합중국재생〉을 출간
2007년	민주당 예비선거에 출마
2008년	민주당 대통령 후보지명을 획득
2008년	미국의 대통령 선거에서 승리, 대통령으로 당선